ARBITRAGEM E OBRAS PÚBLICAS

EM BUSCA DO INTERESSE PÚBLICO E DA EFICIÊNCIA

NICOLA ESPINHEIRA DA COSTA KHOURY

Prefácio
Bruno Dantas

Apresentação
Alice Rocha da Silva

ARBITRAGEM E OBRAS PÚBLICAS

EM BUSCA DO INTERESSE PÚBLICO E DA EFICIÊNCIA

Belo Horizonte

2024

© 2024 Editora Fórum Ltda.

É proibida a reprodução total ou parcial desta obra, por qualquer meio eletrônico, inclusive por processos xerográficos, sem autorização expressa do Editor.

Conselho Editorial

Adilson Abreu Dallari	Floriano de Azevedo Marques Neto
Alécia Paolucci Nogueira Bicalho	Gustavo Justino de Oliveira
Alexandre Coutinho Pagliarini	Inês Virgínia Prado Soares
André Ramos Tavares	Jorge Ulisses Jacoby Fernandes
Carlos Ayres Britto	Juarez Freitas
Carlos Mário da Silva Velloso	Luciano Ferraz
Cármen Lúcia Antunes Rocha	Lúcio Delfino
Cesar Augusto Guimarães Pereira	Marcia Carla Pereira Ribeiro
Clovis Beznos	Márcio Cammarosano
Cristiana Fortini	Marcos Ehrhardt Jr.
Dinorá Adelaide Musetti Grotti	Maria Sylvia Zanella Di Pietro
Diogo de Figueiredo Moreira Neto (*in memoriam*)	Ney José de Freitas
Egon Bockmann Moreira	Oswaldo Othon de Pontes Saraiva Filho
Emerson Gabardo	Paulo Modesto
Fabrício Motta	Romeu Felipe Bacellar Filho
Fernando Rossi	Sérgio Guerra
Flávio Henrique Unes Pereira	Walber de Moura Agra

Luís Cláudio Rodrigues Ferreira
Presidente e Editor

Coordenação editorial: Leonardo Eustáquio Siqueira Araújo
Aline Sobreira de Oliveira
Revisão: Vinícius Fernandes
Capa e projeto gráfico: Walter Santos
Diagramação: João Oliveira

Rua Paulo Ribeiro Bastos, 211 – Jardim Atlântico – CEP 31710-430
Belo Horizonte – Minas Gerais – Tel.: (31) 99412.0131
www.editoraforum.com.br – editoraforum@editoraforum.com.br

Técnica. Empenho. Zelo. Esses foram alguns dos cuidados aplicados na edição desta obra. No entanto, podem ocorrer erros de impressão, digitação ou mesmo restar alguma dúvida conceitual. Caso se constate algo assim, solicitamos a gentileza de nos comunicar através do *e-mail* editorial@editoraforum.com.br para que possamos esclarecer, no que couber. A sua contribuição é muito importante para mantermos a excelência editorial. A Editora Fórum agradece a sua contribuição.

Dados Internacionais de Catalogação na Publicação (CIP) de acordo com ISBD

K45a   Khoury, Nicola Espinheira da Costa
        Arbitragem e obras públicas: em busca do interesse público e da eficiência / Nicola Espinheira da Costa Khoury. Belo Horizonte: Fórum, 2024.

        157 p. 14,5x21,5cm

        ISBN impresso 978-65-5518-805-9
        ISBN digital 978-65-5518-798-4

        1. Obra pública. 2. Paralisação de obra. 3. Lei de licitações. 4. Solução de controvérsias. 5. Métodos alternativos. 6. Interesse público. 7. Arbitragem. I. Título.

CDD: 342
CDU: 342

Ficha catalográfica elaborada por Lissandra Ruas Lima – CRB/6 – 2851

Informação bibliográfica deste livro, conforme a NBR 6023:2018 da Associação Brasileira de Normas Técnicas (ABNT):

KHOURY, Nicola Espinheira da Costa. *Arbitragem e obras públicas*: em busca do interesse público e da eficiência. Belo Horizonte: Fórum, 2024. 157 p. ISBN 978-65-5518-805-9.

AGRADECIMENTOS

Agradeço a Deus pela generosidade de ter permitido mais este passo na minha trajetória pessoal e profissional; à Déa, Rafa e Luquinhas pela sociedade e companheirismo no tempo e espaço que deram viabilidade a essa jornada.

Aos meus pais, Nicola e Suzana, pelo exemplo de busca por conhecimento e diálogo para trilhar um futuro melhor; às minhas irmãs, Luciana e Aline, pela dedicação para que a Justiça seja justa com todos; e à Dona Tetê, minha avó, grande incentivadora de todas as minhas artes.

Por fim, agradeço ao Instituto Serzedello Corrêa pelo apoio financeiro para a realização do Mestrado em Direito, em cujo âmbito a presente obra foi desenvolvida.

LISTA DE FIGURAS

Figura 1   Carga Tributária por Ente Federativo
Figura 2   Série Histórica da Carga Tributária por Ente Federativo desde 2013
Figura 3   Mapa de calor do percentual de contratos paralisados por estado
Figura 4   Mapa de calor do percentual do valor dos contratos paralisados por estado
Figura 5   Linha do tempo dos principais trabalhos e deliberações do TCU
Figura 6   Causa da paralisação das obras públicas
Figura 7   Causa da paralisação das obras
Figura 8   Irregularidades identificadas pelo TCU em contratos de obras públicas (2008 a 2017)
Figura 9   Causa da paralisação das obras
Figura 10 Arbitragens por setor
Figura 11 Mapa das concessões federais
Figura 12 Figura 12 – Tempo de tramitação até a sentença (cinza), baixa (cinza escuro) e não julgados (cinza claro)
Figura 13 Tabela de honorário dos árbitros da câmara da Camarb
Figura 14 Tabela de honorários dos árbitros da Fiesp
Figura 15 Tabela de taxa de administração da Fiesp

SUMÁRIO

PREFÁCIO
Bruno Dantas 11

APRESENTAÇÃO
Alice Rocha da Silva 15

INTRODUÇÃO 17

CAPÍTULO 1
DESAFIOS PARA A CONCRETIZAÇÃO DE
CONTRATOS CELEBRADOS PARA A EXECUÇÃO
DE OBRAS PÚBLICAS 25
1.1   A relevância e a representatividade das obras públicas federais no cenário nacional 31
1.2   Panorama das obras públicas federais paralisadas 36
1.3   Principais causas das paralisações de obras públicas executadas com recursos federais 46
1.4   A Nova Lei de Licitações e o enfrentamento das principais causas das paralisações de obras públicas 63

CAPÍTULO 2
A ADOÇÃO DA ARBITRAGEM EM CONTRATAÇÕES
PÚBLICAS FEDERAIS PARA A EXECUÇÃO DE OBRAS
DE ENGENHARIA: POSSIBILIDADES E LIMITES 75
2.1   Evolução Legislativa e Jurisprudencial sobre a Possibilidade de uso da Arbitragem em Contratos Celebrados pela Administração Pública 80
2.2   Interesse público como norteador do uso do instituto da arbitragem, mesmo diante da indisponibilidade e da supremacia do interesse público 89
2.3   Arbitragem e direitos patrimoniais disponíveis 97

2.4 Arbitrabilidade das causas das paralisações da execução de contratos de obras públicas federais.................................100

CAPÍTULO 3
A ADOÇÃO DA ARBITRAGEM EM CONTRATOS CELEBRADOS PARA A EXECUÇÃO DE OBRAS PÚBLICAS FEDERAIS 107
3.1 A adoção da arbitragem em contratos complexos de concessão de serviços públicos na área de infraestrutura no Brasil...112
3.2 Potenciais benefícios do uso da arbitragem em contratos celebrados para a execução de obras públicas.....................122
3.3 Desafios a serem superados para a Efetiva Adoção da Arbitragem nos Contratos para a Execução de Obras Públicas..130

CONCLUSÃO 139

REFERÊNCIAS...147

PREFÁCIO

Desde Cícero, filósofo romano, a Koselleck, historiador alemão, a experiência coletiva parece cada vez mais confirmar as teorias que contestam o caráter linear da história. O movimento histórico revela um ritmo pendular. E o tempo que um período histórico investe em um paradigma parece trazer consigo a força embrionária, inversamente proporcional, que o movimenta em sentido oposto mais tarde.

O Estado moderno foi concebido sob uma matriz de poder e verticalidade que parece ruir pouco a pouco diante da morfologia social de nosso tempo, já mais adaptada às interações em rede, que modificaram substancialmente a operação e os resultados dos processos de produção, conhecimento, poder e cultura, como explica o sociólogo Manuel Castells, na sua obra clássica *The Rise of the Network Society*.

Os reflexos dessa interação alcançam as principais estruturas da sociedade contemporânea, inclusive o Direito, que já expressa, com tantos exemplos notáveis, a transição pendular do paradigma da verticalidade para o da horizontalidade, das fórmulas unilaterais para as soluções dialógicas, da opulência do poder estatal para a microfísica do poder das instituições, para usar expressão de Foucault. Pode-se divergir, mas não desprezar a tese de Castells, segundo a qual *"this networking logic induces a social determination of a higher level than that of the specific social interests expressed through the networks: the power of flows takes precedence over the flows of power"*.

De fato, a horizontalidade das relações sociais produz a necessidade de reorganização do exercício do poder estatal, o que inclui a atividade jurisdicional, que hoje deixou de ser exclusivamente pública e passou a admitir em sua abrangência conceitual mecanismos privados de resolução de disputas, como a arbitragem.

A obra *Arbitragem e Obras Públicas: em Busca do Interesse Público e da Eficiência*, para a qual tenho o invulgar prazer de escrever este prefácio, consiste na versão comercial da dissertação de mestrado de Nicola Espinheira da Costa Khoury, por ele defendida com rigor metodológico e brilhantismo no Programa de Mestrado e Doutorado em Direito do Centro Universitário de Brasília (CEUB), sob a orientação da Professora Dr.ª Alice Rocha da Silva. O trabalho propõe-se a investigar como a arbitragem pode mitigar a paralisação de obras públicas contratadas e executadas com recursos federais.

O autor é auditor do Tribunal de Contas da União (TCU) e recentemente foi alçado à posição de Secretário da Secretaria de Controle Externo de Soluções Consensuais e Prevenção de Conflitos. A pessoa certa, para o cargo certo, na hora certa. Auditores, via de regra, são treinados para encontrar problemas. Liderada por Nicola, a Secretaria reuniu auditores focados na missão de pensar também em soluções equilibradas e propositivas. Com uma formação sólida e uma trajetória marcada pela dedicação à pesquisa e ao aperfeiçoamento das políticas públicas, ele oferece à literatura uma análise detalhada do contexto jurídico e administrativo que envolve os contratos de obras públicas no Brasil.

O compromisso, acuidade e inteligência que Nicola Khoury tem demonstrado no trato de complexas questões contratuais público-privadas, à frente da SecexConsenso, se refletem na ousadia do tema escolhido para desenvolver sua pesquisa. O objeto, nos últimos anos, ocupou o debate de proeminentes estudiosos de dois ramos do Direito. De um lado, o reconhecimento da natureza jurisdicional da arbitragem; de outro, a legalidade de seu emprego em litígios envolvendo a Administração Pública. Isso implicou, por parte da doutrina processual, a rediscussão do conceito clássico de jurisdição e, por parte da doutrina administrativa, a revisitação do tema da indisponibilidade do interesse público.

O trabalho parte da hipótese de que o uso da arbitragem para solução de controvérsias nos contratos de obras públicas executadas com recursos federais aumentará a quantidade de objetos efetivamente executados e entregues, bem como diminuirá a quantidade de obras paralisadas. Assim, constrói-se e analisa-se o panorama de execuções das obras públicas para, partindo de uma análise factual, demonstrar os potenciais benefícios do uso da arbitragem para enfrentamento da paralisação de parte dos contratos celebrados.

As ideias foram organizadas em três capítulos. O primeiro cuida dos desafios para a concretização de contratos celebrados para a execução de obras públicas. Com esse desiderato, Nicola, aliando pesquisa e experiência de bastidores, realiza um panorama das obras públicas federais paralisadas, analisando as principais causas da paralisação.

O segundo capítulo desenvolve as premissas teóricas para a adoção da arbitragem em contratações públicas federais, em obras de engenharia. Para tanto, o autor aborda a evolução legislativa e jurisprudencial do uso da arbitragem em contratos celebrados com a Administração Pública, que transitou uma resistência inicial, inclusive no âmbito do próprio TCU, para o posterior reconhecimento da legalidade de seu emprego nesse sentido. Na sequência, desenvolve a ideia de interesse público como norteador da arbitragem na Administração, para, ao final do capítulo, concluir pela arbitrabilidade das causas das paralisações da execução de contratos de obras públicas federais.

No capítulo final, é desenvolvida a ideia principal a respeito dos potenciais benefícios para minimização dos riscos de paralização de obras públicas pela adoção de arbitragem em contratos complexos. O argumento busca inspiração na adoção da arbitragem em contratos envolvendo concessão de serviço público no setor de infraestrutura, com percuciente análise dos desafios para efetivação da medida.

Um dos pontos altos do trabalho é a análise crítica a respeito da Nova Lei de Licitações (Lei nº 14.133/2021) e sua contribuição para a resolução de problemas históricos relacionados à paralisação de obras. O autor argumenta que a introdução da arbitragem como uma ferramenta para solucionar controvérsias pode ser um passo significativo para aumentar a eficiência na gestão de contratos de obras públicas.

A natureza histórica pendular do Direito foi alvo da meditação de um outro grande Nicola (Picardi), que, em seu artigo seminal "A vocação do nosso tempo para a jurisdição", anotava como a vocação do tempo de Savigny, voltada para a legislação e para a ciência, já não era a mesma de seu tempo, que já se inclinava para a jurisdição e para a jurisprudência. Hoje, arrisco que o nosso tempo expressa uma vocação para a eficiência, cuja efetiva consideração, sem perder de vista os valores qualitativos da Justiça, implicará a reorganização dos modos de atuação do Estado, seja ao atuar ativamente no trato da *res publica*, seja ao atuar, eventualmente, como parte, sujeito à jurisdição privada.

Deve-se recordar, neste ponto, a lição de Remo Caponi, professor da Università degli Studi di Firenze, no prefácio à obra *Teoria Geral da Jurisdição*, de Marcelo Barbi Gonçalves: "*La giurisdizione non è da concepire solo come una funzione dello Stato moderno diretta all'attuazione del diritto nel caso concreto, ma anche – in primo luogo – come servizio diretto alla composizione delle controversie secondo giustizi, cioè con l'applicazione di criteri di giudizio oggettivi e predeterminati. Questo mutamento di prospettiva fa sì che i diversi sistemi politici siano attualmente chiamati, più urgentemente che nel passato, a rispondere alla domanda di efficienza proveniente dagli utenti delservizio della giustizia civile, e quindi a misurarne e ad incentivarne la qualità*".

Realmente, a complexidade de nossa época exige do Estado o esforço para viabilizar o sistema jurisdicional multiportas, inclusive para os litígios envolvendo a própria Administração Pública. Com razão, portanto, Nicola Khoury, sustenta a viabilidade e, em muitos casos, a própria superioridade da adoção da arbitragem, em relação às demais vias judiciais ou administrativas de resolução de disputas, pelos contratos envolvendo concessão de serviço público no setor de infraestrutura.

Este livro é uma leitura essencial para gestores públicos, engenheiros, advogados e todos os profissionais envolvidos na execução de obras públicas. Sua chegada às livrarias e bibliotecas brinda a comunidade jurídica com uma valiosa contribuição ao estudo, operação e desenvolvimento do direito administrativo da infraestrutura.

Bruno Dantas
Ministro-Presidente do Tribunal de Contas da União (TCU). Tem pós-Doutorado em Direito pela UERJ. Doutor e Mestre em Direito pela PUC-SP. Professor da UERJ, da FGV Direito-Rio e da Uninove.

APRESENTAÇÃO

A obra *Arbitragem e Obras Públicas: em Busca do Interesse Público e da Eficiência* aborda uma temática de extrema relevância para o contexto atual de paralisação de obras públicas, ao apresentar a arbitragem como um método alternativo de solução de controvérsias que poderia aumentar o número de obras efetivamente concluídas e entregues atendendo aos preceitos de interesse público e eficiência almejados pela administração pública federal.

A pesquisa partiu da avaliação do objeto de análise, em que se demonstra a relevância das obras públicas para o contexto nacional brasileiro não só para a geração de renda e emprego, mas também para a instrumentalização de políticas públicas. Todavia, o autor mostra que o aspecto positivo de tais obras acaba por ser prejudicado por um número crescente de obras paradas, sendo, portanto, relevante a identificação das principais causas de paralisação delas para a busca de um tratamento adequado.

Como possível solução para enfrentar tais causas de paralisação das obras, o autor destaca a Nova Lei de Licitações, Lei nº 14.133/2021, que apresenta a possibilidade da utilização da arbitragem como método de solução de controvérsias envolvendo contratos celebrados pela administração pública, em especial os relacionados com obras públicas financiadas com recursos federais. Todavia, a avaliação legal foi acompanhada de uma análise jurisprudencial e administrativa em função dos aspectos da indisponibilidade e supremacia do interesse público de tais contratos.

Mesmo diante dos limites legais apresentados para a arbitrabilidade das causas envolvendo a paralisação da execução de contratos de obras públicas federais, o autor consegue demonstrar casos concretos de adoção desse método alternativo em contratos complexos de concessão de serviços públicos que buscam investir em infraestrutura por meio de parceria entre o setor público e o setor privado.

Essa análise permitiu apresentar potenciais benefícios do uso da arbitragem na área de obras públicas federais, levando inclusive à defesa do método como "adequado", e não simplesmente "alternativo", sendo reduzida a liberalidade do gestor público para a escolha entre adotar ou não o instituto. Afinal, o papel da administração pública seria o de resguardar o interesse público, ao fornecer um serviço eficiente ao tratar os recursos públicos destinados a tais obras.

A conclusão sintetiza os achados da pesquisa, afirmando que a adoção da arbitragem em contratos de obras públicas pode efetivamente mitigar a paralisação dos projetos, seja pela resolução célere das controvérsias, seja pela retomada rápida das obras já paralisadas. Além disso, destaca a necessidade de superar desafios específicos para a plena efetivação desse método.

Este livro representa, portanto, uma contribuição significativa para o campo do direito administrativo, sugerindo novos caminhos para a melhoria da gestão de recursos públicos e a continuidade de obras financiadas por tais recursos. Vale ressaltar que o trabalho ora apresentado foi arduamente desenvolvido ao longo de vários anos que compuseram o processo de formação do autor como mestre certificado pelo Programa de Mestrado e Doutorado em Direito e Políticas Públicas do Centro Universitário de Brasília (CEUB).

Espera-se que, a partir da análise ora apresentada, outros estudantes e profissionais possam ser incentivados a buscar novas rotas de saída para problemas tão complexos como os discutidos nesta pesquisa. Afinal, a dinâmica administrativa precisa ser acompanhada por uma maior criatividade na construção de métodos que garantam maior eficiência no atendimento do interesse público.

Alice Rocha da Silva
Doutora em Direito Internacional Econômico pela Université d'Aix-Marseille III. Mestra em Direito das Relações Internacionais pelo Centro Universitário de Brasília (2006). Graduada em Direito pelo Centro Universitário de Brasília (2005), em Ciência Política pela Universidade de Brasília (2004) e em Relações Internacionais pela Universidade de Brasília (2004). Atualmente é professora no Centro Universitário de Brasília e de cursos preparatórios para concurso; é, também, assessora no Instituto de Gestão da Saúde do Distrito Federal (IGESDF). Tem experiência na área de Direito, Relações Internacionais e Ciência Política, com ênfase em Direito Internacional Econômico e Direitos Humanos.

INTRODUÇÃO

O presente trabalho foi produzido no âmbito de dissertação apresentada como requisito para a obtenção do título de Mestre em Direito e Políticas Públicas pelo Programa de Mestrado e Doutorado em Direito do Centro Universitário de Brasília – CEUB, sob orientação da Professora Dr.ª Alice Rocha da Silva.

A concretização de políticas públicas implementadas pelo Estado para o cidadão depende da existência prévia da infraestrutura que dê suporte à sua operacionalização.

O Estado evoluiu de um modelo em que muitas vezes a infraestrutura era construída diretamente pelos servidores públicos para um modelo em que a infraestrutura passou a ser em maior parte contratada pelo Estado por meio de dois grandes ramos: contratação de obra pública, mediante licitação pública, e contratação da prestação de determinado serviço público, contemplando a construção prévia das obras e infraestruturas necessárias para a respectiva prestação do serviço pretendido diretamente pelo particular (setor privado) responsável pelo contrato de prestação do serviço público.

Exemplificativamente, na área de infraestrutura rodoviária, antes o extinto Departamento Nacional de Estradas de Rodarem (DNER) tinha equipamentos e pessoal para a construção direta das estradas. O atual Departamento Nacional de Infraestrutura de Transportes (DNIT) realiza a contratação, mediante licitação pública, de empresas para a execução das obras de construção das estradas, bem como contrata empresas para a conservação das estradas construídas, que assumem a obrigação de conservar a rodovia após a conclusão do contrato de construção.

Nos dois exemplos anteriores, não há cobrança de tarifa para a utilização das rodovias, ou seja, usuários e não usuários das rodovias pagam tributos que financiam a construção e a manutenção delas.[1]

---

[1] GUIMARÃES, Fernando Vernalha. *Concessões de serviço público*. 2. ed. revisada, atual. e ampliada. São Paulo: Saraiva, 2014. p. 172-173: "Num sistema de prestação direta pelo Estado, em

Em outra vertente, a Agência Nacional de Transportes Terrestres (ANTT) realiza leilões para contratar empresas que passem a ser responsáveis pela realização dos investimentos, como construção, ampliação e duplicação, mas também pelos serviços de manutenção ordinária após a construção, como renovação da pintura das faixas, roçada de grama, substituição de placas, limpeza de dispositivos de drenagem, bem como para operar a rodovia por determinado tempo, com diversos serviços contemplados, a exemplo de atendimento emergencial com ambulância e equipe de primeiro socorros em casos de acidentes, guinchos e outros. Tais contratos são de longo prazo e por isso são considerados mais complexos e incompletos.[2]

No modelo de concessão, a ideia é que os custos sejam alocados especificamente para os usuários do serviço prestado, por meio do pagamento de tarifas,[3] evitando que aqueles que não utilizam o referido serviço público tenham os seus tributos destinados ao serviço não utilizado. Por outro lado, muitos objetos não são economicamente sustentáveis para que sejam contratados via modelo de concessão, contemplando os investimentos na infraestrutura e a prestação de serviços, pois a tarifa ficaria muito alta e apenas o usuário do serviço não seria suficiente para financiá-lo.

Desse modo, serviços percebidos como relevantes e inviáveis economicamente pelo modelo de concessões ainda assim devem ser prestados pelo poder público, com o financiamento realizado pelos recolhedores de tributos em geral.

Ante a complexidade inerente aos contratos federais relacionados à área de infraestrutura, muitas controvérsias surgem ao

---

que o serviço é realizado sem custo para o usuário – modalidade ainda praticada em certos setores – as despesas com o serviço público são arcadas pelas receitas gerais advindas da arrecadação de tributos e de outras fontes de renda pública. (...) Nessa hipótese, toda a coletividade é responsável pelo custeio da prestação do serviço púbico: usuários e não usuários".

[2] JUSTEN FILHO, Marçal; SILVA, Marco Aurélio de Barcelos (coord.). *Direito da infraestrutura*: estudo de temas relevantes. Belo Horizonte: Fórum, 2019. p. 18: "A premissa de que se parte é a de incompletude como característica própria dos contratos de concessão. Reconhece-se a impossibilidade, em termos práticos, dos contratos de longo prazo regularem *ex anti*, de forma rígida e imutável, todas as ocorrências e circunstâncias possíveis de serem verificadas no curso da sua execução".

[3] GUIMARÃES, Fernando Vernalha. *Concessões de serviço público*. 2. ed. rev., atual. e ampliada. São Paulo: Saraiva, 2014. p. 174: "Já quando o Estado opta pela prestação indireta através do modelo concessório comum promove, do ponto de vista econômico, a desoneração dos não usuários, concentrando no conjunto dos usuários a fonte de custeio da prestação do serviço público".

longo da execução contratual, algumas das quais são resolvidas em tratativas administrativas, realizadas diretamente entre a empresa contratada e a administração pública contratante. Tal situação seria a ideal, apesar disso, muitas outras controvérsias acabam não sendo solucionadas pelas partes e passam a ser discutidas por meio de disputas no âmbito do Poder Judiciário.

Objetivando agregar outra possibilidade de solução de controvérsias relativas a contratos celebrados pela administração pública, a Lei nº 9.307, de 23 de setembro de 1996, dispõe sobre o instituto da arbitragem, que seria um método alternativo para solucionar controvérsias surgidas na execução de contratos, outrora tratadas exclusivamente por meio de demandas judiciais, com escopo estabelecido em problemas que tratem de direitos patrimoniais disponíveis, conforme artigo 1º da referida lei.[4]

Diante da ausência de previsão legal expressa, para clarificar entendimentos divergentes acerca da possibilidade de uso da arbitragem para a solução de controvérsias surgidas em contratos celebrados entre particulares e o poder público, a Lei nº 13.129, de 26 de maio de 2015, aprovou a inserção do §1º do artigo 1º, que passou a prever expressamente que também a administração pública poderá utilizar a arbitragem para dirimir conflitos surgidos ao longo da execução de contratos celebrados entre particulares e a administração pública.

Apesar de tal previsão expressa, a adoção da arbitragem não seria para toda e qualquer controvérsia, mas sim para aquelas que envolvam direitos patrimoniais disponíveis.[5]

Destaca-se que foi dado tratamento diferente pelo legislador aos dois ramos da infraestrutura que buscam viabilizar a concretização dos objetos e a prestação dos serviços públicos.

Enquanto a Lei nº 8.987, de 13 de fevereiro de 1995, que trata do regime de concessão de serviços públicos, foi alterada

---

[4] Redação do Art. 1º "As pessoas capazes de contratar poderão valer-se da arbitragem para dirimir litígios relativos a direitos patrimoniais disponíveis". BRASIL. *Lei nº 9.307, de 23 de setembro de 1996*. Brasília, DF: Presidência da República, 1996. Disponível em: https://www.planalto.gov.br/ccivil_03/leis/l9307.htm. Acesso em: 21 out. 2023.

[5] Redação do §1º: "A administração pública direta e indireta poderá utilizar-se da arbitragem para dirimir conflitos relativos a direitos patrimoniais disponíveis". BRASIL. *Lei nº 9.307, de 23 de setembro de 1996*. Brasília, DF: Presidência da República, 1996. Disponível em: https://www.planalto.gov.br/ccivil_03/leis/l9307.htm. Acesso em: 21 out. 2023.

por meio da Lei nº 11.196, de 21 de novembro de 2005, para prever expressamente no seu artigo 23-A a possibilidade do uso de arbitragem em contratos de concessão,[6] somente em 1º de abril de 2021 foi aprovada a Lei nº14.133, Nova Lei de Licitações, que, nos termos do artigo 151, passou a permitir, igualmente de modo expresso, a utilização da arbitragem para solucionar controvérsias surgidas em contratos de obras públicas,[7] eis que a Lei nº 8.666, de 21 de junho de 1993, não arrolou tal possibilidade.

Destaca-se que, na área de obras públicas, mesmo após a inclusão do artigo 44-A, em 2015, na Lei nº 12.462, de 4 de agosto de 2011, que prevê a possibilidade de uso da arbitragem para solução de controvérsias em contratos celebrados com base na Lei do Regime Diferenciado de Contratações Públicas (RDC),[8] não há histórico de uso do permissivo legal.

Dessa forma, o presente trabalho correlaciona os temas obras públicas e arbitragem, contemplando aspectos multidisciplinares da engenharia e do direito, bem como trata da recente possibilidade legal do uso da arbitragem para solução de controvérsias em contratos de obras públicas, refletindo sobre as causas da não utilização da arbitragem após a permissão legal para a adoção em obras contratadas por RDC e, ainda, possíveis critérios que os gestores contratantes de obras públicas irão considerar para decidir pela adoção ou não da arbitragem após a Nova Lei de Licitações, avaliando os potenciais benefícios e riscos associados ao uso do

---

[6] Redação do art. 23-A: "O contrato de concessão poderá prever o emprego de mecanismos privados para resolução de disputas decorrentes ou relacionadas ao contrato, inclusive a arbitragem, a ser realizada no Brasil e em língua portuguesa, nos termos da Lei nº 9.307, de 23 de setembro de 1996". BRASIL. *Lei nº 8.987, de 13 de fevereiro de 1995*. Brasília, DF: Presidência da República, 1995. Disponível em: https://www.planalto.gov.br/ccivil_03/leis/l8987cons.htm. Acesso em: 21 out 2023.

[7] Redação do art. 151: "Nas contratações regidas por esta Lei, poderão ser utilizados meios alternativos de prevenção e resolução de controvérsias, notadamente a conciliação, a mediação, o comitê de resolução de disputas e a arbitragem". BRASIL. *Lei nº 14.133, de 1º de abril de 2021*. Brasília, DF: Presidência da República, 2021. Disponível em: https://www.planalto.gov.br/ccivil_03/_ato2019-2022/2021/lei/l14133.htm. Acesso em: 21 out. 2023.

[8] Redação do Art. 44-A: "Nos contratos regidos por esta Lei, poderá ser admitido o emprego dos mecanismos privados de resolução de disputas, inclusive a arbitragem, a ser realizada no Brasil e em língua portuguesa, nos termos da Lei nº 9.307, de 23 de setembro de 1996, e a mediação, para dirimir conflitos decorrentes da sua execução ou a ela relacionados". BRASIL. *Lei nº 12.462, de 4 de agosto de 2011*. Brasília, DF: Presidência da República, 2011. Disponível em: https://www.planalto.gov.br/ccivil_03/_ato2011-2014/2011/lei/l12462.htm. Acesso em: 21 out. 2023.

instituto, levando em consideração a experiência da utilização da arbitragem em contratos de concessão da área de infraestrutura, ante a possibilidade de uso da arbitragem nesse outro ramo ser bastante anterior e ter se concretizado em casos julgados e com informação pública disponível.

Diante do contexto apresentado, o presente trabalho busca verificar se o uso da arbitragem para solução de controvérsias surgidas em contratos celebrados para a execução de obras de engenharia com recursos federais poderia contribuir para a redução do cenário atual de inúmeras obras paralisadas no país, contribuindo, assim, para o alcance do interesse público, com a concretização da política pública pretendida.

Assim, será construída e testada hipótese de que o uso da arbitragem para solução de controvérsias nos contratos de obras públicas executadas com recursos federais aumentará a quantidade de objetos efetivamente executados e entregues, bem como diminuirá a quantidade de obras paralisadas.

Ademais, será testada a possibilidade de outros eventuais benefícios do uso do instituto da arbitragem na área de concessões serem experimentados na área de obras públicas e contribuir com a redução das indesejadas paralisações contratuais.

Desse modo, o objetivo da presente publicação é analisar a possibilidade de uso da arbitragem em contratações públicas para a execução de obras de engenharia, verificar os benefícios potenciais a serem alcançados com tal utilização e identificar os desafios para que haja efetiva adoção da arbitragem para a solução de controvérsias nos contratos de obras públicas.

De forma mais específica, os objetivos do presente trabalho contemplam pesquisar o panorama da execução e paralisação das obras públicas contratadas com recursos federais, identificando as principais causas de paralisação.

A partir do marco normativo vigente e das causas das paralisações, busca-se avaliar as possibilidades e limites para a adoção da arbitragem em contratações públicas federais para a execução de obras de engenharia.

Por fim, objetiva-se identificar os potenciais benefícios do uso da arbitragem, com especial enfoque no vetor de enfrentamento da paralisação de parte dos contratos celebrados para a execução de obras públicas federais, bem como os desafios para a efetiva adoção do instituto.

O contexto da execução e paralisação de obras públicas federais será a base para as reflexões tratadas a seguir, contemplando as principais causas de paralisação das obras públicas, o que antecede a aprovação e entrada em vigor da Nova Lei de Licitações, que teve vigência conjunta com a Lei nº 8.666, de 21 de junho de 1993, até o fim de 2023.

Também ocorrerá reflexão sobre a utilização da arbitragem em contratos de concessão de serviços públicos na área de infraestrutura, contemplando análise do marco legal. Será utilizado procedimento descritivo e analítico, diante de informações qualitativas e quantitativas, pautado no levantamento de dados secundários.

Assim, com a seleção, revisão e análise da base normativa e literatura pertinente ao tema obras públicas, uso da arbitragem na administração pública, sobretudo em contratos de concessão de infraestrutura, será possível analisar os desafios e benefícios potenciais do uso da arbitragem em contratos de obras públicas.

É necessário, entretanto, indicar que o presente trabalho não se propõe a discutir a necessidade da obra contratada, tampouco se após entregue o objeto terá funcionalidade. Tal recorte se faz necessário para indicar claramente que a premissa adotada no presente trabalho é no sentido de que a contratação do objeto se deu com base na existência de necessidade, bem como que o planejamento para a aquisição de equipamentos e a contratação de pessoal eventualmente necessários para as etapas seguintes e operação do objeto seriam obrigações dos gestores contratantes, nos termos da legislação orçamentária pátria, aqui não discutidas e aprofundadas.

Ou seja, a premissa se dá no sentido de que a contratação era de interesse público[9] e, justamente por isso, discute-se estratégia para contribuir com a conclusão e entrega do objeto contratado. O

---

[9] "(...) no sistema constitucional de direitos fundamentais o interesse público deve ser entendido, em um conceito teórico preliminar (IP_1), como resultado da harmonização de direitos fundamentais da liberdade individual (I_1), liberdade política (I_2), igualdade (i) e fraternidade (f). Tais classes compõem um todo monolítico que é a sistemática constitucional de direitos fundamentais, cujo ponto central harmônico entre todos esses direitos é o interesse público." BARBOSA, Jandeson da Costa. *O interesse público constitucional*: numa formulação à luz de pressupostos teóricos, contextos e fatos no âmbito dos direitos fundamentais. Porto Alegre: Livraria do Advogado, 2021. p. 176.

presente trabalho irá abordar o interesse público sobre a adoção (ou não) da arbitragem em contratações públicas federais que envolvam obras públicas, mas não discutirá a existência (ou não) de interesse público para a execução das obras contratadas e paralisadas que entraram na amostra dos estudos, além das que exemplificativamente forem citadas para ilustrar as teses.

Os capítulos foram apresentados de modo a ordenar logicamente a temática. Assim, o primeiro capítulo trata dos aspectos doutrinários e normativos a respeito dos desafios para a conclusão de contratos celebrados para a execução de obras públicas federais no Brasil, perpassando pela relevância das obras públicas federais no cenário nacional e pelo panorama das obras públicas federais paralisadas.

Sobre paralisação de obras, não há literatura farta disponível sobre o tema, motivo pelo qual publicações produzidas pela administração pública (notadamente Tribunal de Contas da União e Controladoria-Geral da União) e pela indústria da construção (Câmara Brasileira da Indústria da Construção) serão apresentadas como insumo relevante para a identificação das principais causas das paralisações de obras públicas contratadas com recursos federais.

Também serão trazidos pontos de evolução da legislação atinente às contratações de obras públicas que entraram no ordenamento jurídico com a aprovação da Nova Lei de Licitações, que busca enfrentar as principais causas das paralisações de obras públicas, não somente pelo aprimoramento do planejamento, como também prevendo a adoção de métodos alternativos de solução de controvérsias.

O segundo capítulo estuda as possibilidades e limites para a adoção da arbitragem em contratações públicas federais para a execução de obras de engenharia, percorrendo a evolução legislativa e jurisprudencial sobre a possibilidade de uso da arbitragem em contratos celebrados pela administração pública.

No tocante à jurisprudência, serão discutidas decisões judiciais do Supremo Tribunal Federal e do Superior Tribunal de Justiça, mas também deliberações do Tribunal de Contas da União, órgão de controle externo auxiliar ao Congresso Nacional, que possui competência constitucional para julgar as contas dos gestores públicos federais.[10]

---

[10] Redação do inciso II, art. 70: "julgar as contas dos administradores e demais responsáveis por dinheiros, bens e valores públicos da administração direta e indireta, incluídas as

Serão abordados temas sensíveis, como o interesse público que motiva a adoção do instituto da arbitragem como forma de promoção do bem-estar social, a indisponibilidade e a supremacia do interesse público como norteadores do uso da arbitragem, os direitos patrimoniais disponíveis no contexto dos requisitos para definição dos objetos passíveis de arbitragem e a arbitrabilidade subjetiva e objetiva das causas das paralisações da execução de contratos de obras públicas federais.

O terceiro e último capítulo reunirá as conclusões e conectará os capítulos anteriores, tratando da adoção da arbitragem como vetor de enfrentamento da paralisação de parte dos contratos celebrados para a execução de obras públicas com recursos federais no Brasil, usando como inspiração a adoção da arbitragem em contratos complexos de concessão de serviços públicos na área de infraestrutura, bem como percorrendo a literatura para indicar os potenciais benefícios do uso da arbitragem em contratos celebrados para a execução de obras públicas e os possíveis e prováveis desafios para a efetiva adoção da arbitragem nos referidos contratos.

Assim, pretende-se percorrer um caminho que possibilite a compreensão dos aspectos relevantes sobre a contratação e paralisação de obras públicas federais, assim como a possibilidade de adoção da arbitragem em tais contratos e a existência de interesse público para tal adoção, consubstanciado nos potenciais benefícios já experimentados pela própria administração pública em outro ramo de provimento de infraestrutura que já adota efetivamente a arbitragem, qual seja os contratos de concessão de serviços públicos.

---

fundações e sociedades instituídas e mantidas pelo Poder Público federal, e as contas daqueles que derem causa a perda, extravio ou outra irregularidade de que resulte prejuízo ao erário público". BRASIL. [Constituição (1988)]. *Constituição da República Federativa do Brasil de 1988*. Brasília, DF: Presidência da República, [2023]. Disponível em: https://www.planalto.gov.br/ccivil_03/constituicao/constituicao.htm. Acesso em: 11 jan. 2024.

CAPÍTULO 1

DESAFIOS PARA A CONCRETIZAÇÃO DE CONTRATOS CELEBRADOS PARA A EXECUÇÃO DE OBRAS PÚBLICAS

As dimensões continentais do Brasil e o modelo do pacto federativo adotado no país tornam complexa a gestão do *portfólio* de investimentos que objetivem prover a extensão territorial do país com a infraestrutura adequada e necessária ao desenvolvimento econômico nacional e ao alcance das necessidades que propiciem o bem-estar social.

O provimento de infraestrutura no Brasil pode ser dividido em dois grandes grupos, sendo o primeiro deles mais largamente utilizado em termos de quantitativo de contratos celebrados, qual seja a licitação e contratação de obras públicas, enquanto o outro é a celebração de parceria do setor público com o setor privado, notadamente por meio de contratos de concessão de serviços públicos, normalmente prevendo a execução prévia de obras e outros investimentos para posterior operação, pelo parceiro privado, da infraestrutura construída com o objetivo de dar viabilidade à prestação do serviço público concedido.

Sobre obras contratadas com recursos públicos, há grande quantidade de contratos executados com recursos federais, estaduais e municipais, sendo que em muitos casos é comum haver a alocação de recursos de mais de um dos entes federados, por meio da celebração de convênios ou de outras modalidades de transferências voluntárias, que muitas vezes dependem de contrapartida do ente recebedor do repasse voluntário federal.

Tal modelo com recursos de mais de um ente amplia significativamente a complexidade nas relações contratuais e o desafio de viabilizar o provimento da infraestrutura. A alocação de recursos de mais de um ente da federação faz com que normas das duas esferas que aportaram recursos precisem ser cumpridas pelo gestor responsável pela contratação e fiscalização da execução do contrato celebrado, sendo que não raras vezes o gestor municipal tem recursos humanos escassos e com baixos investimentos em capacitação para gerir objetos não triviais, como a execução de obras públicas.

Quando recursos federais são descentralizados para estados e municípios, é comum que a licitação seja realizada pelo ente recebedor dos recursos, bem como a fiscalização da execução contratual, com posterior prestação de contas da boa e regular gestão dos recursos transferidos, o que faz com que competências gerenciais e executivas sejam relevantes para o estado ou município.

Ocorre que estudo realizado pela Controladoria-Geral da União evidenciou relação entre a dificuldade de gestão que pequenos municípios têm com elevado grau de paralisação nos referidos pequenos municípios, que em tese seriam justamente os que mais precisariam da alocação de recursos federais.[11]

Enquanto a doutrina costuma classificar os contratos de concessão de serviços públicos como complexos e incompletos por natureza,[12] visto que envolvem trilateralidade (estado, privado

---

[11] BRASIL. Controladoria-Geral da União. *Levantamento de obras paralisadas*: dezembro/2019: relatório de Avaliação. p. 66. Brasília, DF: CNU, 2019. Disponível em: https://eaud.cgu.gov.br/relatorios/download/900153. Acesso em: 21 jan. 2024. "Os dados apresentados no item 1.3 – PERFIL DOS MUNICÍPIOS COM OBRAS PARALISADAS também levam à conclusão de que as capacidades dos entes federados é uma questão bastante relevante, visto a concentração de obras paralisadas em determinados municípios pequenos, especialmente, naqueles que apresentam maior dificuldades na gestão fiscal. O assunto já foi tratado no citado item deste relatório, sendo evidente o *trade-off* entre a União ser mais rigorosa nos critérios de seleção dos convenentes e assim ter uma maior eficiência nos investimentos em infraestrutura e em contrapartida dificultar o acesso aos recursos justamente daqueles municípios que mais necessitam do apoio financeiro da União."

[12] JUSTEN FILHO, Marçal. *Curso de direito administrativo*. 14. ed. Rio de Janeiro: Forense, 2023. p. 460. "O regime jurídico da concessão é complexo, especialmente em vista da trilateralidade da relação jurídica, mas também em vista das relações jurídicas travadas com terceiros. Esse regime jurídico se traduz na disciplina de posições jurídicas das diversas partes. Tais posições jurídicas consistem em um conjunto de direitos, deveres, poderes e encargos, relacionados com a titularidade, com a finalidade e com o interesse de cada parte, o que lhes dá unidade."

e usuário), bem como são de longo prazo e consequente difícil previsão do comportamento de todas as variáveis em momentos futuros e mais distantes, os contratos para a execução de obras públicas, mesmo que não sejam para execução em prazos tão longos, possuem complexidade inerente à área e engenharia.

Pequenas obras costumam ser mais simples e previsíveis, grandes obras possuem elevado grau de complexidade,[13] notadamente diante de uma maior gama de variáveis que acabam por influenciar em alterações dos projetos e, consequentemente, no prazo de execução do objeto.

Destaca-se que pequenas obras não são tão complexas quanto os contratos de concessão de serviços públicos, que duram por longos prazos, o que dificulta justificar o cenário desafiador que será estudado sobre a paralisação de contratos celebrados para a execução de obras públicas com recursos federais, em que mesmo obras de pequeno porte não costumam ser concluídas em prazos curtos, conforme planejamento inicial.

Como veremos detalhadamente a seguir, em tópicos próprios, não é raro que obras de relativa baixa complexidade, como creches, quadras poliesportivas e unidades de saúde, sejam executadas ao longo de muitos anos, mesmo tendo sido planejadas para que fossem executadas em um ou dois anos após a celebração do contrato e emissão da ordem para início dos serviços.

Também veremos que obras mais complexas, como aeroportos e ferrovias, às vezes acabaram tendo a execução dilatada dos dois ou três anos inicialmente previstos para mais de uma década.

Segundo a Câmara Brasileira da Indústria da Construção (CBIC), em publicação de dezembro de 2023 sobre *Obras públicas paralisadas no Brasil: diagnóstico e propostas*, "a paralisação de obras consiste em um dos maiores desafios das contratações públicas brasileiras".[14]

---

[13] JUSTEN FILHO, Marçal; SILVA, Marco Aurélio de Barcelos (coord.). *Direito da infraestrutura*: estudo de temas relevantes. Belo Horizonte: Fórum, 2019. p. 89. "O setor de infraestrutura brasileiro demanda a entrega de obras de engenharia complexas. Tais obras podem decorrer de investimentos privados em projetos igualmente privados, mas também podem ser encomendadas ou financiadas pelo Poder Público."

[14] BRASIL. Câmara Brasileira de Indústria da Construção. *Obras públicas paralisadas*: diagnóstico e propostas. São Paulo: Câmara Brasileira de Indústria da Construção, 2023. Disponível em: https://brasil.cbic.org.br/acervo-coinfra-publicacao-obras-publicas-paralisadas-no-brasil-diagnostico-e-propostas. Acesso em: 17 jan. 2024.

A complexidade da execução de contratos de obras públicas é retratada até mesmo no nome das publicações sobre o tema, a exemplo da publicação *O labirinto das obras públicas*,[15] também publicada pela Câmara Brasileira da Indústria da Construção, e do livro *Engenharia legal aplicada ao labirinto das obras públicas*.[16]

Tal complexidade e dificuldade de gestão da carteira de obras públicas restou evidenciada em 2007, quando o TCU, por meio do Acórdão nº 1.188/2007-Plenário, determinou ao Ministério do Planejamento, Orçamento e Gestão (MP) que implementasse um sistema de informações para registro dos dados das obras públicas executadas com recursos federais e permitisse o controle e acompanhamento dos empreendimentos, bem como a ampla consulta pela sociedade.[17]

Na ocasião, restou demonstrado que não havia uma visão geral do *portfólio* de obras públicas contratadas pelos entes da federação, nem mesmo naquelas que recebiam a alocação de recursos federais, havendo controles com níveis de informação bastante díspares de um órgão ou entidade para outro, com assimetria entre os metadados dos sistemas existentes.

Mesmo com tal determinação do Tribunal de Contas da União, somente em 2021, mais de uma década após a prolação da determinação para a implantação de um cadastro geral de obras, é que houve o cumprimento da determinação, o que pode ser evidenciado por meio do §4º, artigo 5º, do Decreto nº 10.496, de 28 de setembro de 2020, que estabeleceu que a implantação do Cadastro ocorreria até 31 de janeiro de 2021.[18]

---

[15] CBIC. Câmara Brasileira da Indústria da Construção. *O labirinto das obras públicas*. Brasília, DF: Câmara Brasileira de Indústria da Construção, 2020. Disponível em: https://cbic.org.br/wp-content/uploads/2020/06/labirinto_CBIC.pdf. Acesso em: 22 out. 2023.

[16] GUIDI, José Eduardo. *Engenharia legal aplicada ao labirinto das obras públicas*. São Paulo: Leud, 2022.

[17] BRASIL. Tribunal de Contas da União. *Acórdão nº 1.188/2007*. Relator: Valmir Campelo, julgado em 20/06/2007. Brasília, DF: Tribunal de Contas da União, 2007. Disponível em: https://pesquisa.apps.tcu.gov.br/documento/acordao-completo/*/NUMACORDAO%253 A1188%2520ANOACORDAO%253A2007%2520/DTRELEVANCIA%2520desc%252C%25 20NUMACORDAOINT%2520desc/0. Acesso em: 22 out. 2023.

[18] Redação do §4º do artigo 5º: "O Ministério da Economia implantará o Cipi até 31 de janeiro de 2021". BRASIL. *Decreto nº 10.496, de 28 de setembro de 2020*. Brasília, DF: Presidência da República, 2020. Disponível em: https://www.planalto.gov.br/ccivil_03/_Ato2019-2022/2020/Decreto/D10496.htm. Acesso em: 17 jan. 2024.

Destaca-se que as obras ingressariam no cadastro no momento da realização dos empenhos,[19] novo ou reforço, momento em que passariam a integrar o cadastro de obras, ou seja, haverá alimentação passo a passo até que o cadastro possa cumprir a missão para a qual foi idealizado, que é retratar o *portfólio* de contratos de obras públicas, com informação gerencial relevante para tomada de decisão, motivo pelo qual haverá um longo período de transição entre os modelos.

A relevância das obras públicas para os países pode ser exemplificada com a existência de um ministério específico para cuidar das obras públicas do Chile, qual seja o Ministério de Obras Públicas,[20] diferente do que ocorre no Brasil, já que as obras públicas são planejadas e contratadas pelos ministérios setoriais, como o da Saúde e o da Educação, ou mesmo via repasses dos respectivos ministérios.

Ou seja, alguns custos podem ser mensurados com mais concretude, como a depreciação do ativo, custos de vigilância do canteiro, custo do refazimento da degradação por ação do tempo nas obras já executadas. Outros custos são de mais difícil aferição, apesar de claramente existirem, como o custo de oportunidade, os custos decorrentes do impacto negativo da não prestação do serviço público pretendido – que varia de acordo com os múltiplos possíveis objetos.

Ademais, sobre o impacto negativo da paralisação de obras, a Câmara Brasileira da Indústria da Construção aponta que os custos da paralisação e retomada são somados à frustração dos benefícios que decorreriam da entrega do objeto.[21]

---

[19] Redação do §1º do artigo 5º: "Os projetos de investimento em infraestrutura deverão estar registrados no Cipi previamente ao empenho de despesa". BRASIL. *Decreto nº 10.496, de 28 de setembro de 2020.* Brasília, DF: Presidência da República, 2020. Disponível em: https://www.planalto.gov.br/ccivil_03/_Ato2019-2022/2020/Decreto/D10496.htm. Acesso em: 17 jan. 2024.

[20] " Dispõe o artigo 33, inciso 2, da CPRC que a instituição de Ministérios deve ser objeto de Lei que determina o número e organização dos ministérios e no caso específico desse estudo, o Ministério de Obras Públicas encontra-se regulado pelo Decreto 294, de 1984 desse Ministério, com texto refundido coordenado e sistematizado." LEMES, Selma Ferreira. *Arbitragem na administração pública*: fundamentos jurídicos e eficiência econômica. São Paulo: Quartier Latin, 2007. p. 200.

[21] BRASIL. Câmara Brasileira da Indústria da Construção. *O labirinto das obras públicas.* São Paulo: Câmara Brasileira da Indústria da Construção, 2023. p. 12. Disponível em: https://

Em outra publicação, a Câmara Brasileira da Indústria da Construção indicou que o custo da paralisação de obras mais provável seria de impedir um aumento no curto prazo de 1,8% do Produto Interno Bruto (PIB), mas também o não crescimento duradouro de 0,65% anual do PIB.[22]

Em algumas áreas o investimento feito na infraestrutura evita outras despesas maiores. Investimentos em saneamento sabidamente reduzem o custo com saúde,[23] o tratamento e fornecimento de água e tratamento de esgoto evitam doenças na população beneficiada, o que reforça a importância do enfrentamento da paralisação de obras para que haja infraestrutura para a efetiva prestação dos serviços públicos.

Por fim, em parceria realizada entre diversas instituições públicas,[24] coordenada pelo Conselho Nacional de Justiça, em 2020

---

cbic.org.br/wp-content/uploads/2020/06/labirinto_CBIC.pdf. Acesso em: 22 out. 2023. "Os prejuízos decorrentes desse grave cenário de paralisia são de difícil mensuração, mas são inequívocos. Os impactos negativos vão desde os custos decorrentes da própria paralisação da obra – como, por exemplo, aqueles relativos à depreciação do ativo ou necessários à mobilização de pessoal e de equipamentos para retomada do contrato – até a própria frustração dos benefícios que poderiam advir da entrega do empreendimento."

[22] BRASIL. Câmara Brasileira da Indústria da Construção. *Impacto econômico e social da paralisação das obras públicas*. São Paulo: Câmara Brasileira da Indústria da Construção, 2018. p. 15. Disponível em: https://cbic.org.br/wp-content/uploads/2018/06/Impacto_Economico_das_Obras_Paralisadas.pdf. Acesso em: 21 jan. 2024. "As estimativas centrais, consideradas as mais prováveis, indicaram que o custo imposto pelas paralisações de obras é bloquear: I) pelo lado da demanda, um aumento de 1,8% no PIB em curto prazo, o equivalente a R$ 115,1 bilhões; II) pelo lado da oferta, um ganho duradouro de 0,65% no PIB potencial, o equivalente a R$ 42,4 bilhões por ano."

[23] UNESCO. *Relatório Mundial das Nações Unidas sobre Desenvolvimento dos Recursos Hídricos*: água para um mundo sustentável. [S. l.]: Unesco, 2015. p. 4. Disponível em: https://web.bndes.gov.br/bib/jspui/handle/1408/21362. Acesso em: 17 jan. 2024: sumário executivo. "A carência em abastecimento de água, saneamento e higiene é determinante na saúde e bem-estar, e tem um grande custo financeiro, incluindo a perda considerável nas atividades econômicas. A fim de alcançar o acesso universal, é preciso progredir rapidamente em relação aos grupos desfavorecidos e assegurar a não discriminação da prestação desses serviços. Os investimentos em abastecimento de água e saneamento resultam em ganhos econômicos substanciais; nas regiões em desenvolvimento, o retorno do investimento foi estimado entre US$5 e US$28 por cada Dólar investido."

[24] BRASIL. Conselho Nacional de Justiça. 2020. Destrava vai retomar obras paralisadas. *Agência CNJ de Notícias*, [Brasília, DF], 17 fev. 2020. Disponível em: https://www.cnj.jus.br/destrava-vai-retomar-obras-paralisadas/. Acesso em: 21 jan. 2024. "O Comitê Executivo Nacional para Apoio à Solução das Obras Paralisadas é formado pelo CNJ, pelo Conselho Nacional do Ministério Público (CNMP), pelo Tribunal de Contas da União (TCU), pela Associação dos Membros dos Tribunais de Contas do Brasil (Atricon), pelo Ministério da Infraestrutura, pelo Fundo Nacional de Desenvolvimento da Educação (FNDE), pela Advocacia-Geral da União (AGU) e pela Controladoria-Geral da União (CGU)."

houve o lançamento de um programa denominado de "Programa Destrava", que teve por objetivo um esforço interinstitucional para destravar problemas contratuais surgidos em contratos de obras públicas.

O programa Destrava fomentou amplo debate entre as organizações públicas participantes e fomentou ações dentro de cada órgão e entidade que detinha competência decisória nas obras paralisadas da área de educação.

No âmbito do Judiciário, por exemplo, o Conselho Nacional de Justiça adotou medidas de priorização de ações judiciais que tratavam de obras públicas paralisadas.[25]

Desse modo, reforça-se que os estudos e documentos utilizados pelo presente estudo foram elaborados eminentemente por órgãos da administração pública, com exceção das publicações do setor privado por meio da CBIC.

1.1 A relevância e a representatividade das obras públicas federais no cenário nacional

A obra pública não é um fim em si mesma, isso significa dizer que a mera execução da obra pública, sem a efetiva prestação do serviço público pretendido quando da contratação da obra, não deve ser motivo de comemoração.

O uso do termo "mera" execução não quer dizer que a execução de uma obra pública seria algo trivial, ou mesmo algo que costumeiramente ocorra sem percalços ao longo da vida do contrato.

O escopo do presente trabalho está delimitado para o horizonte das obras públicas contratadas e executadas (ou ao menos tentadas, como veremos) com recursos públicos federais, não fazendo parte da pesquisa as obras executadas com recursos

---

[25] BRASIL. Conselho Nacional de Justiça. *Diagnóstico sobre obras paralisadas*. Brasília, DF: CNJ, 2019. p. 9-10. Disponível em: https://www.cnj.jus.br/wp-content/uploads/2019/11/relatorio_obras_paralisadas-1.pdf. Acesso em: 21 jan. 2024. "Visando contribuir nacionalmente para o destravamento das obras paralisadas, foi criado o projeto 'Priorização de Grandes Obras Públicas Paralisadas', que prevê ações conjuntas entre os Tribunais de Contas da União e dos Estados e Municípios, por intermédio do TCU3 e Atricon4, e as Redes de Governança Judiciária dos Tribunais de todo o país, com o intuito de impulsionar a execução de obras que se encontram paradas devido a questões judiciais."

estaduais e/ou municipais, exceto aquelas que também contemplem recursos federais.

Interessante notar que o fato de a obra pública não ser um fim em si mesma é retratado nas legislações orçamentárias, visto que a Lei Complementar nº 101/2000 prevê no seu artigo 45[26] que não serão iniciados novos projetos e investimentos sem que haja garantia de alocação dos recursos necessários para a execução e continuidade dos investimentos já iniciados, ou seja, não seria razoável deixar de alocar recursos para obras com investimentos iniciados em detrimento de novos investimentos que nem sequer tiveram início.

De igual modo, a própria Constituição Federal prevê, no seu artigo 165, §1º,[27] que, quando um investimento é planejado, o plano plurianual deve necessariamente contemplar ponderação sobre a alocação dos recursos necessários não somente para a execução do investimento inicial da construção, mas também para as outras necessidades decorrentes do investimento inicial.

Com isso, a Carta Magna pretende buscar que haja funcionalidade do objeto contratado, o que contemplaria recursos para equipar a infraestrutura e contratar o pessoal que prestará os serviços públicos pretendidos e esperados pela sociedade, reforçando a tese de que a obra pública não é um fim em si mesma, mas sim a finalidade é a prestação do serviço necessário à sociedade, que depende não somente da construção, mas também dos equipamentos e pessoal para atingir a finalidade pública.

Para exemplificar, seria como alocar recursos federais para construir uma unidade de saúde em um município sem planejar qual dos entes alocaria recursos para equipar a unidade de saúde e para arcar com as despesas para pagamento das remunerações

---

[26] Redação do art. 45: "Observado o disposto no § 5º do art. 5º, a lei orçamentária e as de créditos adicionais só incluirão novos projetos após adequadamente atendidos os em andamento e contempladas as despesas de conservação do patrimônio público, nos termos em que dispuser a lei de diretrizes orçamentárias". BRASIL. *Lei Complementar 101, de 4 de maio de 2000*. Brasília, DF: Presidência da República, 2000. Disponível em: https://www.planalto.gov.br/ccivil_03/leis/lcp/lcp101.htm. Acesso em: 11 jan. 2024.

[27] Redação do art. 165: "§ 1º A lei que instituir o plano plurianual estabelecerá, de forma regionalizada, as diretrizes, objetivos e metas da administração pública federal para as despesas de capital e outras delas decorrentes e para as relativas aos programas de duração continuada". BRASIL. [Constituição (1988)]. *Constituição da República Federativa do Brasil de 1988*. Brasília, DF: Presidência da República, [2023]. Disponível em: https://www.planalto.gov.br/ccivil_03/constituicao/constituicao.htm. Acesso em: 11 jan. 2024.

dos servidores públicos e funcionários terceirizados que prestariam os serviços públicos ao cidadão após a conclusão da construção da obra.

O que parece ser absurdo acaba não sendo uma realidade tão distante, pois o pacto federativo no Brasil é complexo e a relação institucional dos representantes da União com os representantes dos 26 Estados, Distrito Federal e 5.570 Municípios já seria complexa mesmo sem divergências políticas que podem dificultar ainda mais o provimento de infraestrutura e serviços públicos adequados em um país de dimensões continentais.

Prover o país de infraestrutura que dê suporte ao desenvolvimento econômico e social é algo essencial para o Brasil, que tem déficit elevado e acaba perdendo competitividade quando comparado com outros países.

A título exemplificativo, relatório produzido pelo Banco Mundial para Avaliação da Infraestrutura no Brasil apresenta como conclusão que o Brasil precisaria investir 3,7% do Produto Interno Bruto em cada ano para preencher as lacunas de infraestrutura até 2030[28] e indica exemplos de *gaps* de provimento.

O referido relatório aponta que apenas 12% das rodovias são pavimentadas no Brasil, bem como que as tarifas de energia são proporcionalmente elevadas se for considerado o valor que é pago em relação à frequência que faltou energia ao longo de um ano, quando comparado com países que possuem energia mais barata.

Indica também que apenas 48,7% da população tem esgotamento sanitário seguro, a densidade da malha ferroviária é menos do que a metade da densidade da malha de países com dimensões semelhantes, como Canadá e os Estados Unidos, e a densidade hidroviária também é menor do que a metade da densidade das hidrovias de países com extensão similar de hidrovias navegáveis, a exemplo da China.

Por outro lado, a carga tributária no Brasil possui grande concentração de arrecadação no âmbito da União, seguida dos Estados, com diferença significativa em relação à arrecadação

---

[28] THE WORLD BANK. *Brazil Infrastructure Assessment*. 2022. [Washington, DC]: The World Bank, 2022. Disponível em: https://documents1.worldbank.org/curated/en/099140006292213309/pdf/P1745440133da50c0a2630ad342de1ac83.pdf. Acesso em: 17 jan. 2024.

realizada diretamente pelos Municípios. Desse modo, o ente mais distante da ponta operacional acaba por arrecadar com mais representatividade, o que cria dependência dos Municípios em relação ao orçamento da União, quer seja por transferências constitucionais e legais, quer seja por transferências voluntárias e discricionárias.

Tal discrepância reforça o motivo de o recorte do presente trabalho ocorrer justamente com as obras executadas com recursos federais, uma vez que parte relevante da fatia do bolo arrecadatório é federal.

A arrecadação no âmbito da União em 2022 foi da ordem de 68%, com Estados arrecadando 25% e os Municípios os demais 7%, conforme detalhado na figura a seguir, relativa ao ano de 2022.[29]

Figura 1 – Carga Tributária por Ente Federativo

Entidade Federativa	2021 Arrecadação [R$ milhões]	2021 % do PIB	2021 % da Arrecad.	2022 Arrecadação [R$ milhões]	2022 % do PIB	2022 % da Arrecad.	Variação Arrecadação [R$ milhões] Nominal	Variação Arrecadação [R$ milhões] Real[1]	Variação p.p. do PIB	Variação p.p. da Arrecad.
União	1.942.372,21	21,83%	66,25%	2.252.914,54	22,72%	67,70%	310.542,33	149.651,85	0,89	1,44
Estados	790.017,77	8,88%	26,95%	850.973,08	8,58%	25,57%	60.955,31	-4.483,40	-0,30	-1,37
Municípios	199.354,61	2,24%	6,80%	223.783,01	2,26%	6,72%	24.428,40	7.915,47	0,02	-0,07
Total	2.931.744,59	32,95%	100,00%	3.327.670,63	33,56%	100,00%	395.926,03	153.083,91	0,62	0,00

(1) Foi usado o deflator implícito do PIB para corrigir a arrecadação de 2021.

Fonte: Ministério da Fazenda – Carga Tributária no Brasil (2022)

Tais percentuais são praticamente os mesmos desde 2013, com pequenas variações, demonstrando que a concentração da arrecadação na União não foi um fator isolado decorrente de alguma peculiaridade no ano de 2022, ano em que houve aumento do percentual de arrecadação federal e redução das fatias percebidas pelos estados e municípios, com ampliação da arrecadação de R$ 2,93 trilhões para R$ 3,32 trilhões.

---

[29] BRASIL. Ministério da Fazenda. Receita Federal do Brasil. *Carga Tributária no Brasil 2022*: análise por Tributos e Base de Incidência. Brasília, DF: Ministério da Fazenda, 2023. p. 3. Disponível em: https://www.gov.br/receitafederal/pt-br/centrais-de-conteudo/publicacoes/estudos/carga-tributaria/carga-tributaria-no-brasil-2022#:~:text=Em%20 2022%2C%20a%20Carga%20Tribut%C3%A1ria,nos%20tr%C3%AAs%20 n%C3%ADveis%20de%20governo2. Acesso em: 19 jan. 2024.

Figura 2 – Série Histórica da Carga Tributária
por Ente Federativo desde 2013

Ente Federativo	2013	2014	2015	2016	2017	2018	2019	2020	2021	2022	Repres. Gráfica
União	68,93%	68,46%	68,32%	68,60%	68,16%	67,80%	67,17%	66,28%	66,25%	67,70%	
Estados	25,29%	25,47%	25,45%	25,25%	25,57%	25,65%	25,89%	27,00%	26,95%	25,57%	
Municípios	5,78%	6,07%	6,24%	6,14%	6,27%	6,54%	6,94%	6,72%	6,80%	6,72%	
Total	100,00%	100,00%	100,00%	100,00%	100,00%	100,00%	100,00%	100,00%	100,00%	100,00%	

Fonte: Ministério da Fazenda – Carga Tributária no Brasil (2022)

Entre 2013 e 2022 os municípios tiveram carga tributária de arrecadação com variação entre 5,78% e 6,94%, enquanto os estados tiveram arrecadação em fatia de entre 25,25% e 27,00%, ficando a União com a maior proporção, variando de 66,28% a 68,93%, no mesmo período.

Ocorre que nem sempre as políticas públicas de provimento da infraestrutura são planejadas com uma visão integrada entre os entes da federação nem entre as etapas de execução da infraestrutura e operação com a prestação do serviço público, o que acaba por provocar descontinuidade administrativa e ausência de funcionalidade de objetos contratados e executados.

Assim, mesmo com a eventual superação de todos os desafios executivos que veremos, nem sempre os benefícios pretendidos para a sociedade são gerados, pois o objeto pode não entrar em operação, em que pese a obra pública possa ter sido concluída, não agregando valor para a sociedade.

Por meio do Acórdão nº 1.655/2017-Plenário, o Tribunal de Contas da União concluiu no sentido de haver ineficiências e riscos no modelo de federalismo fiscal, dentre os quais destaca-se o "alto risco de insustentabilidade fiscal e de dependência dos estados e dos municípios".[30]

O relatório que deu suporte ao referido acórdão indica que, de entre os anos 2000 e 2014, 42% dos recursos dos estados não foram

---

[30] BRASIL. Tribunal de Contas da União. *Acórdão 1.655/2017*. Relator: Aroldo Cedraz, Plenário, julgado em 02/08/2017. Brasília, DF: Tribunal de Contas da União, 2017. Disponível em: https://pesquisa.apps.tcu.gov.br/documento/acordao-completo/*/NUMACORDAO%253A1655%2520ANOACORDAO%253A2017%2520/DTRELEVANCIA%2520desc%252C%2520NUMACORDAOINT%2520desc/0. Acesso em: 19 jan. 2024.

arrecadados por eles e 88% dos recursos dos municípios, montantes muito representativos, não foram também por eles arrecadados, sendo que somente a União teria arrecadado 51% desses recursos.[31]

Ainda tratando da dependência financeira dos municípios, o Tribunal de Contas da União elaborou relatório para consolidar as informações e análises técnicas produzidas em grupo de trabalho a fim de subsidiar o relator da reforma tributária no Senado Federal, demonstrando que 58,35% dos municípios do Brasil possuem arrecadação de ISS inferior a R$ 100,00/habitante, demonstrando "a frágil situação de independência financeira da maioria absoluta dos municípios".[32]

Diante do peso do orçamento federal e da complexidade da relação entre os entes da federação, importante estudar o contexto específico da contratação e execução de obras públicas, buscando aprofundamento teórico tanto nos fatores que viabilizaram o êxito da execução quanto nos fatores que acabaram por gerar a paralisação e inexecução das obras e contratos.

1.2 Panorama das obras públicas federais paralisadas

A problemática das obras paralisadas não é algo novo no Brasil e é acompanhada por décadas pelos órgãos de controle. Por meio da Decisão 66/1995-TCU-Plenário,[33] o Tribunal de Contas da

---

[31] BRASIL. Tribunal de Contas da União. *Acórdão 1.655/2017*. Relator: Aroldo Cedraz, Plenário, julgado em 02/08/2017. Brasília, DF: Tribunal de Contas da União, 2017. Disponível em: https://pesquisa.apps.tcu.gov.br/documento/acordao-completo/*/NUMACORDAO%253A1655%2520ANOACORDAO%253A2017%2520/DTRELEVANCIA%2520desc%252C%2520NUMACORDAOINT%2520desc/0. Acesso em: 19 jan. 2024.

[32] BRASIL. Tribunal de Contas da União. *Relatório do Grupo de Trabalho sobre a Reforma Tributária*. p. 38, 2023. Brasília, DF: Tribunal de Contas da União, 2023. Disponível em: https://portal.tcu.gov.br/data/files/60/E6/37/FC/3C6FA8108DD885A8F18818A8/Relatorio%20Completo%20-%20Resultados%20do%20Grupo%20de%20Trabalho%20sobre%20a%20Reforma%20Tributaria.pdf. Acesso em: 19 jan. 2024. "Outro fato que emerge da análise dos dados é que 58,35% das cidades brasileiras não conseguem arrecadar de ISS nem R$ 100,00 por habitante/ano. Em média, esses 3.249 municípios classificados como pobres, em relação ao ISS, arrecadam R$ 47,00 por habitante. Outros 2.214 municípios (39,76%) arrecadam, em média, R$ 222 por habitante/ano, o que demonstra a frágil situação de independência financeira da maioria absoluta dos municípios."

[33] BRASIL. Tribunal de Contas da União. *Decisão 66/1995*. Relator: Homero Santos, Plenário, julgado em 22/02/1995. Brasília, DF: Tribunal de Contas da União, 1995. Disponível em:

União "alertou o Congresso Nacional acerca dos prejuízos causados aos cofres públicos em função da liberação de recursos orçamentários para novos empreendimentos, em detrimento da conclusão de obras já iniciadas e posteriormente paralisadas".

Trazendo para os dias de hoje, a Lei de Diretrizes Orçamentárias de 2024, Lei nº 14.791, de 29 de dezembro de 2023, trouxe dispositivos importantes para priorizar a conclusão de obras paralisadas, notadamente o *caput* do artigo 19,[34] que busca endereçar a continuidade dos investimentos iniciados, como também o §2º do referido artigo, que indica clara priorização de retomada de obras paralisadas na área de educação.[35]

O contexto e a problemática envolvendo a contratação e execução de obras públicas pode ser identificado por meio dos relatórios sistêmicos anuais produzidos pelo Tribunal de Contas da União ao longo dos anos, desde 1996, que contribuíram com o processo de elaboração das sucessivas Leis Orçamentárias Anuais, por meio do compartilhamento de informações técnicas qualificadas com o Congresso Nacional, para que os parlamentares avaliassem se as obras com indícios de irregularidades graves deveriam ou não ser contempladas com orçamento, o que poderia prejudicar as entregas para a sociedade.

---

https://pesquisa.apps.tcu.gov.br/documento/acordao-completo/*/NUMACORDAO%253A66%2520ANOACORDAO%253A1995%2520/DTRELEVANCIA%2520desc%252C%2520NUMACORDAOINT%2520desc/5. Acesso em: 22 out. 2023.

[34] Redação do art. 19: "O Projeto de Lei Orçamentária de 2024 e a respectiva Lei deverão, em observância ao disposto no § 12 do art. 165 da Constituição, atender à proporção mínima de recursos estabelecida no Anexo de Metas Fiscais constante do Anexo IV a esta Lei para a continuidade dos investimentos em andamento." BRASIL. *Lei nº 14.791, de 29 de dezembro de 2023*. Brasília, DF: Presidência da República, 2023. Disponível em: https://www.planalto.gov.br/ccivil_03/_ato2023-2026/2023/lei/L14791.htm#:~:text=LEI%20N%C2%BA%2014.791%2C%20DE%2029%20DE%20DEZEMBRO%20DE%202023&text=Disp%C3%B5e%20sobre%20as%20diretrizes%20para,2024%20e%20d%C3%A1%20outras%20provid%C3%AAncias. Acesso em: 17 jan. 2024.

[35] Redação do §2º, art. 19: "Na execução dos recursos constantes da Lei Orçamentária de 2024, o poder Executivo deve dar prioridade às programações relacionadas a obras ou serviços de engenharia cuja execução física esteja atrasada ou paralisada, especialmente as que se encontrem sob a responsabilidade do Ministério da Educação". BRASIL. *Lei nº 14.791, de 29 de dezembro de 2023*. Brasília, DF: Presidência da República, 2023. Disponível em: https://www.planalto.gov.br/ccivil_03/_ato2023-2026/2023/lei/L14791.htm#:~:text=LEI%20N%C2%BA%2014.791%2C%20DE%2029%20DE%20DEZEMBRO%20DE%202023&text=Disp%C3%B5e%20sobre%20as%20diretrizes%20para,2024%20e%20d%C3%A1%20outras%20provid%C3%AAncias. Acesso em: 17 jan. 2024.

Denominado de Fiscobras,[36] o plano anual de fiscalizações de obras públicas do Tribunal de Contas da União contempla fiscalizações de obras executadas total ou parcialmente com recursos federais, selecionadas com base nos pilares do controle – materialidade, risco e relevância –, e destacou-se como importante ferramenta para contribuir não somente com as correções dos problemas identificados, mas também com o aprimoramento da administração, prevenindo problemas futuros.

Nesse sentido, as leis orçamentárias anuais possuem um quadro de bloqueio orçamentário no Anexo VI, como ocorre na Lei nº 14.535, de 17 de janeiro de 2023,[37] Lei Orçamentária Anual de 2023, que busca justamente proteger a sociedade de alocações de recursos públicos inadequadas.

Os principais indícios de irregularidades identificados nos sucessivos Fiscobras são relacionados ao planejamento prévio à contratação, configurando achado de auditoria denominado de "projeto básico deficiente", demonstrando que muitos dos problemas que aparecem na execução das obras públicas na verdade são originados de questões que deveriam ter sido mais bem estudadas e superadas quando da elaboração dos projetos, permitindo maior maturidade acerca do objeto que se pretenderia executar e evitando percalços ao longo da execução das obras.

O Fiscobras de 2018, julgado por meio do Acórdão nº 2.461/2018-TCU-Plenário,[38] ante a recorrência do achado "projeto deficiente ou desatualizado" nas fiscalizações realizadas nos dez anos anteriores junto ao Departamento Nacional de Infraestrutura

---

[36] "A partir de 1995, o Congresso Nacional passou a demandar ao TCU informações acerca de obras com indícios de irregularidades. Nos anos de 1995 e 1996, as solicitações foram formalizadas por meio de requerimentos do Congresso Nacional e diziam respeito a levantamento de informações de obras já fiscalizadas pelo TCU. Do exercício seguinte em diante, essas demandas se incorporaram às sucessivas Leis de Diretrizes Orçamentárias." BRASIL. Tribunal de Contas da União. *Fiscobras*: 20 anos. Brasília, DF: Tribunal de Contas da União, 2016. Disponível em: https://portal.tcu.gov.br/data/files/93/C4/3D/41/F6DEF610F5680BF6F18818A8/Fiscobras_20_anos.pdf. Acesso em: 22 out. 2023.

[37] BRASIL. Anexo VI. Lei Orçamentária Anual de 2023. *Lei nº 14.535, de 17 de janeiro de 2023*. Brasília, DF: Presidência da República, 2023. Disponível em: https://www.planalto.gov.br/ccivil_03/_ato2023-2026/2023/lei/Anexo/Lei14535.pdf. Acesso em: 17 jan. 2024.

[38] BRASIL. Tribunal de Contas da União. *Acórdão 2.461/2018*. Relator: Bruno Dantas, Plenário, julgado em 24/10/2018. Brasília, DF: Superior Tribunal de Justiça, 2018. Disponível em: https://pesquisa.apps.tcu.gov.br/documento/acordao-completo/*/NUMACORDAO%253A2461%2520ANOACORDAO%253A2018%2520/DTRELEVANCIA%2520desc%252C%2520NUMACORDAOINT%2520desc/0. Acesso em: 22 out. 2023.

de Transportes, um dos principais contratantes de obras públicas com recursos federais do país, encaminhou cópia do relatório para o Ministério dos Transportes, Portos e Aviação Civil "considerando o seu papel supervisor previsto nos artigos 19 a 21 do Decreto-Lei nº 200/1997 (...) possibilitando que atue conjuntamente com a autarquia para a identificação das causas e adoção das providências com vista à mitigação da irregularidade identificada".

É dizer, após a caracterização de que o problema de elaboração de projetos com deficiência não era algo pontual na autarquia, o ministério supervisor deveria ser cientificado para que passe a realizar um acompanhamento mais próximo das ações desenvolvidas pela entidade vinculada ao próprio ministério, supervisionando atentamente a estratégia para mudança de tal cenário.

Já no âmbito do Fiscobras de 2019, além das fiscalizações de conformidade em contratos específicos para a execução de obras com recursos federais, o Tribunal de Contas da União apreciou, por meio do Acórdão nº 1.079/2019-Plenário,[39] auditoria operacional "para a elaboração de um amplo diagnóstico das obras paralisadas no País financiadas com recursos federais", oportunidade na qual foram analisados mais de 38 mil contratos.

Da amostra analisada de 38.412 contratos de obras públicas custeadas totalmente ou parcialmente com recursos federais, o referido acórdão demonstrou que 14.403 encontravam-se paralisados, representando mais de 37% da amostra da auditoria, evidenciando grave disfunção existente ao longo do caminho de construção da infraestrutura necessária à concretização das políticas públicas.

O valor total dos investimentos inicialmente previsto para execução dos referidos contratos era superior a R$ 725 bilhões, conforme pesquisado nos seguintes bancos de dados do Governo Federal: Caixa Econômica Federal, Programa de Aceleração do Crescimento, Ministério da Educação, Departamento Nacional de Infraestrutura de Transportes e Fundação Nacional de Saúde, conforme apontado pelo relatório que fundamentou o Acórdão 1.079/2019.

---

[39] BRASIL. Tribunal de Contas da União. *Acórdão 1.079/2019*. Relator: Vital do Rego, Plenário, julgado em 15/05/2019. Brasília, DF: Superior Tribunal de Justiça, 2019. Disponível em: https://pesquisa.apps.tcu.gov.br/documento/acordao-completo/*/NUMACORDAO%253A1079%2520ANOACORDAO%253A2019%2520/DTRELEVANCIA%2520desc%252C%2520NUMACORDAOINT%2520desc/0. Acesso em: 22 out. 2023.

Tais contratos de obras públicas, à época, representavam R$ 144 bilhões de reais, dos quais R$ 10 bilhões já teriam sido aplicados, ou seja, valores acima de R$ 134 bilhões não foram executados, apesar de terem sido contratados, que equivalem a algo próximo de 19% dos valores inicialmente previstos, deixando de gerar emprego e renda não somente na execução e na operação posterior, mas também não atendendo aos anseios da sociedade que motivaram a decisão da administração de alocar esforços para a realização da contratação pretendida.[40]

Os números agrupados são impactantes e, do mesmo modo, os números por estado da federação são bastante relevantes, tanto em relação ao quantitativo de contratos paralisados em relação ao total de contratos celebrados como no que tange aos valores contratados e à proporção de valores de obras paralisadas.

A Figura 3 indica mapa com percentuais de obras paralisadas por estado da federação e mostra que mesmo o estado em melhor situação tem 27% dos contratos celebrados paralisados.

Figura 3 – Mapa de calor do percentual de contratos paralisados por estado

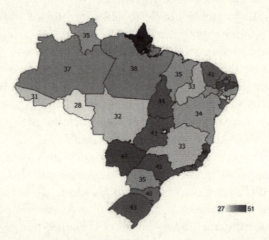

Fonte: Tribunal de Contas da União (2019)

---

[40] O presente trabalho não versará sobre a possibilidade de obras públicas de engenharia contratadas serem desnecessárias, partindo do pressuposto de que as contratações cumpriram com as disposições legais vigentes para que fossem contratadas.

Na outra ponta, o estado com maior percentual de contratos paralisados, celebrados para a execução de obras públicas, chega a ter mais da metade do quantitativo de contratos celebrados em situação de paralisação, com 51%. Ou seja, o referido estado teria mais contratos paralisados do que em andamento, o que de modo inequívoco permite afirmar que algo não está funcionando na sistemática de contratação e execução de obras públicas com recursos federais.

Todos os demais estados estavam com percentuais entre 27% e 51%, números bastante expressivos, que demonstram a relevância do tema. Ou seja, mesmo o melhor estado apresenta número elevado de ao menos um contrato de obras paralisado a cada quatro contratos celebrados, enquanto o pior estado apresenta ao menos um contrato de obra paralisado a cada dois contratos celebrados, indicando que em nenhum dos estados haveria situação confortável na relação entre contratos celebrados e obras paralisadas.

Quanto à representatividade dos valores dos contratos paralisados em relação ao valor dos contratos que estavam em execução, o mesmo cenário de números expressivos se apresenta, conforme Figura 4 a seguir.

Figura 4 – Mapa de calor do percentual do valor dos contratos paralisados por estado

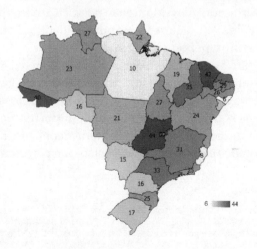

Fonte: Tribunal de Contas da União (2019)

O estado em melhor situação em termos de percentual de valores de contratos paralisados teria 6% de obras paralisadas.

Por outro lado, somente dois outros estados têm o percentual menor ou igual a 10%, após o que cinco outros estados estavam entre 15% e 20%, estando todos os demais em patamares bastante elevados, entre 20% e 44%, que indicariam o estado em pior situação.

Em atualização realizada em 2022 sobre o panorama da execução dos contratos celebrados para a execução de obras públicas com recursos federais, o Tribunal de Contas da União proferiu o Acórdão nº 2.555/2022-Plenário,[41] por meio do qual concluiu que das 22.569 obras que fizeram parte do escopo da auditoria, equivalentes a R$ 116 bilhões, 8.678 estavam paralisadas, que perfaziam o total de R$ 27 bilhões em investimentos.

Os bancos de dados utilizados no ciclo de 2022 foram: Caixa Econômica Federal – Orçamento-Geral da União; Sistema Integrado de Monitoramento, Execução e Controle do Ministério da Educação – Módulo Obras 2.0; Sistema Integrado de Monitoramento, Execução e Controle do Ministério da Educação – Módulo Monitoramento de Obras; Secretaria de Educação Profissional e Tecnológica – Ministério da Educação Secretaria de Educação Superior – Ministério da Educação; Fundação Nacional de Saúde (Funasa); Departamento Nacional de Infraestrutura de Transportes (DNIT); Sistema de Monitoramento de Obras (Sismob).

Em termos quantitativos e considerando o número de cada estado, foi verificado que o Maranhão possui 879 obras paralisadas e o estado da Bahia 840, maiores quantidades identificadas por estado.

Em termos percentuais, mais da metade dos contratos celebrados para a execução de obras públicas com recursos federais estavam paralisados em quatro estados, sendo que Pará e Paraíba estavam com o maior percentual, 59,1% dos contratos paralisados.

Apenas o Distrito Federal está com percentual abaixo de 10% da quantidade de obras contratadas com recursos federais paralisadas, todos os demais estados estão com percentuais variando

---

[41] BRASIL. Tribunal de Contas da União. *Acórdão 2.555/2022*. Relator: Vital do Rego, Plenário, julgado em 23/11/2022. Brasília, DF: Superior Tribunal de Justiça, 2022. Disponível em: https://pesquisa.apps.tcu.gov.br/documento/acordao-completo/*/NUMACORDAO%253A2555%2520ANOACORDAO%253A2022%2520/DTRELEVANCIA%2520desc%252C%2520NUMACORDAOINT%2520desc/0. Acesso em: 21 jan. 2024.

entre 27,9% e 59,1%, o que demonstra a gravidade do quadro de inexecução sistêmica dos contratos da área de obras públicas.

Em 2023, o TCU atualizou os números e, em 18/10/2023, proferiu o Acórdão nº 2.134/2023-Plenário,[42] indicando a existência de 8.603 obras paralisadas, das quais 3.580 são relativas à área de educação básica, 1.854 relativas à infraestrutura e mobilidade urbana e 318 na área de saúde.

Os números elevados da área de educação motivaram a previsão da Lei de Diretrizes Orçamentárias de 2024, Lei nº 14.791, de 29 de dezembro de 2023, no sentido de priorização da retomada das obras paralisadas de tal setor, conforme já vimos anteriormente.[43]

Diante de sucessivas fiscalizações do TCU sobre o tema, a figura a seguir, retirada da última deliberação proferida, ilustra com uma linha do tempo as principais deliberações.

Figura 5 – Linha do tempo dos principais trabalhos e deliberações do TCU

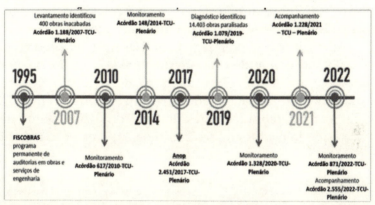

Fonte: Tribunal de Contas da União – TC 009.1972022-2 (2022)

---

[42] BRASIL. Tribunal de Contas da União. *Acórdão 2.134/2023*. Relator: Vital do Rego, Plenário, julgado em 18/10/2023. Brasília, DF: Superior Tribunal de Justiça, 2023. Disponível em: https://portal.tcu.gov.br/data/files/CD/22/65/11/5644B810F80985A8E18818A8/009.197-2022-2-VR%20-%20auditoria_retomada_obras_paralisadas%20_1_.pdf. Acesso em: 22 out. 2023.

[43] Redação do §2º, art. 19: "Na execução dos recursos constantes da Lei Orçamentária de 2024, o poder Executivo deve dar prioridade às programações relacionadas a obras ou serviços de engenharia cuja execução física esteja atrasada ou paralisada, especialmente as que se encontrem sob a responsabilidade do Ministério da Educação." BRASIL. *Lei nº 14.791, de 29 de dezembro de 2023*. Brasília, DF: Presidência da República, 2023. Disponível em: https://www.planalto.gov.br/ccivil_03/_ato2023-2026/2023/lei/L14791.htm#:~:text=LEI%20N%C2%BA%2014.791%2C%20DE%2029%20DE%20DEZEMBRO%20DE%202023&text=Disp%C3%B5e%20sobre%20as%20diretrizes%20para,2024%20e%20d%C3%A1%20outras%20provid%C3%AAncias. Acesso em: 17 jan. 2024.

Além dos trabalhos realizados pelo Tribunal de Contas da União, a Controladoria-Geral da União publicou Relatório de Avaliação, em dezembro de 2019, elaborado no âmbito de Grupo de Trabalho para Governança de Investimentos em Infraestrutura,[44] corroborando o preocupante cenário apresentado pelos estudos realizados no âmbito do TCU.

Em que pese algum grau de diferença entre as metodologias[45] adotadas pela Controladoria-Geral da União e pelo Tribunal de Contas da União, os números são igualmente superlativos, pois o estudo indicou que das 32.840 obras objeto da amostra, 10.916 contratadas com recursos federais estavam paralisadas no país.[46]

Outra conclusão interessante trazida pela Controladoria-Geral da União é que 77% das obras paralisadas possuíam valor de investimento inferior a R$ 1,5 milhões, podendo considerar que seriam pequenas obras.[47]

O relatório da Controladoria-Geral da União concluiu que de 25% a 30% dos contratos de repasse geridos pela Caixa Econômica Federal historicamente nem sequer são concluídos.

Ademais, diversos instrumentos levam muito tempo em execução, a exemplo de contrato de repasse iniciado em 1999, cujo objeto é a Ampliação e melhoria do sistema coletor de esgotamento sanitário na cidade de Macapá-AP, bem como 3.055 instrumentos celebrados antes de janeiro de 2017 ainda não haviam sido iniciados em dezembro de 2019, ou seja, com três

---

[44] BRASIL. Controladoria-Geral da União. *Levantamento de obras paralisadas*: dezembro/2019: relatório de Avaliação. Brasília, DF: Controladoria-Geral da União, 2019. Disponível em: https://eaud.cgu.gov.br/relatorios/download/900153. Acesso em: 21 jan. 2024.

[45] A diferença de metodologia não será detalhada, pois o objetivo da citação dos estudos na presente etapa do trabalho é contextualizar o cenário da paralisação de obras e os números convergem para demonstrar a gravidade do cenário, mesmo que com algum grau de diferença metodológica.

[46] BRASIL. Controladoria-Geral da União. *Levantamento de obras paralisadas*: dezembro/2019: relatório de Avaliação. Brasília, DF: Controladoria-Geral da União, 2019. p. 9. Disponível em: https://eaud.cgu.gov.br/relatorios/download/900153. Acesso em: 21 jan. 2024.

[47] BRASIL. Controladoria-Geral da União. *Levantamento de obras paralisadas*: dezembro/2019: relatório de Avaliação. Brasília, DF: Controladoria-Geral da União, 2019. p. 15. Disponível em: https://eaud.cgu.gov.br/relatorios/download/900153. Acesso em: 21 jan. 2024. "Detalhando um pouco mais a faixa de obras paralisadas de menor valor, percebemos que 4.336 são obras de valor de investimento menor que R$ 500 mil, e 4.039 na faixa, entre R$ 500 mil e R$ 1,5 milhões. Assim, 76,7% das obras paralisadas possuíam valor menor que R$ 1,5 milhões e, portanto, podem ser consideradas pequenas obras."

anos passados da celebração ainda não havia ocorrido o início da execução do contrato.[48]

Em 2023, a Câmara Brasileira da Indústria da Construção realizou estudo sobre obras paralisadas, contemplando um panorama sobre as obras públicas paralisadas, as causas das paralisações e apresentou propostas para aprimoramento legislativo, mesmo após a publicação da Nova Lei de Licitações.

De acordo com a CBIC, os números apresentados são fortes, mas compreender adequadamente as multifatoriais causas das paralisações é extremamente relevante para que não haja repetição da grande quantidade de obras paralisadas,[49] especialmente quando há previsão de lançamento do Programa de aceleração de Investimentos – 3ª Etapa (PAC 3), com recursos previstos para investimentos superiores a R$ 370 bilhões nos próximos quatro anos, em contexto, conforme apresentado, de muitas paralisações nas obras das duas etapas anteriores do mesmo programa.[50]

---

[48] BRASIL. Controladoria-Geral da União. *Levantamento de obras paralisadas*: dezembro/2019: relatório de Avaliação. Brasília, DF: Controladoria-Geral da União, 2019. p. 28-29. Disponível em: https://eaud.cgu.gov.br/relatorios/download/900153. Acesso em: 21 jan. 2024.

[49] BRASIL. Câmara Brasileira da Indústria da Construção. *Obras Públicas Paralisadas no Brasil*: diagnóstico e propostas. São Paulo: CBIC, 2023. p. 16. Disponível em: https://brasil.cbic.org.br/acervo-coinfra-publicacao-obras-publicas-paralisadas-no-brasil-diagnostico-e-propostas. Acesso em: 21 jan. 2024. "Esses números são impactantes, mas é de suma importância contextualizá-los adequadamente: as causas da paralisação das obras são diversas, complexas e multifatoriais, como a inexistência de um planejamento adequado dos empreendimentos, problemas relativos ao fluxo orçamentário e financeiro para viabilizar o cumprimento das obrigações, dentre outras origens que serão melhor exploradas adiante. Em um país que demanda significativos investimentos em infraestrutura, compreender a origem desses problemas é essencial para propor soluções que permitam destravar os investimentos e concluir as obras, necessárias para o desenvolvimento econômico nacional."

[50] BRASIL. Câmara Brasileira da Indústria da Construção. *Obras Públicas Paralisadas no Brasil*: diagnóstico e propostas. São Paulo: CBIC, 2023. p. 19. Disponível em: https://brasil.cbic.org.br/acervo-coinfra-publicacao-obras-publicas-paralisadas-no-brasil-diagnostico-e-propostas. Acesso em: 21 jan. 2024. "Não obstante os problemas da paralisação de obras enfrentados nas primeiras etapas do PAC, o Governo Federal anunciou, recentemente, a terceira etapa do Programa de Aceleração do Crescimento – PAC 3. Para viabilizar a referida etapa, o Governo Federal indicou que fará um aporte financeiro inicial no montante de R$ 371 bilhões, provenientes do orçamento da União, distribuídos ao longo de um período de quatro anos. Dentre outros objetivos, o Governo indicou a intenção de retomada da execução de obras que não foram iniciadas e/ou que foram abandonadas no âmbito dos PACs 1 e 2, finalizando obras importantes para o desenvolvimento de determinadas regiões – como, por exemplo, as ferrovias Transnordestina e Oeste-Leste. Por essas razões, o êxito da nova etapa do PAC recentemente anunciada pelo Governo Federal depende de um tratamento adequado do problema relativo à paralisação de

Justamente em função da relevância e do potencial impacto do Programa de Aceleração do Crescimento, a CBIC elaborou e publicou estudo específico sobre o tema, tendo como objetivo apresentar diagnóstico sobre os dois ciclos anteriores de investimentos nos programas de aceleração, indicando melhorias relevantes que, na visão do setor produtivo, irão permitir avanços significativos no alcance dos objetivos pretendidos e muitas vezes frustrados quando da execução dos ciclos anteriores, que sofreram descontinuidade em decorrência da paralisação de obras públicas contratadas e não entregues, por variados motivos que veremos a seguir.[51]

1.3 Principais causas das paralisações de obras públicas executadas com recursos federais

Após discorrer sobre a complexidade que é gerenciar o *portfólio* de obras públicas nas três esferas, bem como traçar um panorama sobre a não execução ou paralisação de obras públicas contratadas com recursos federais, com base nos estudos realizados pelo Tribunal de Contas da União (TCU), pela Controladoria-Geral da União (CGU), pela Associação dos Tribunais de Contas do Brasil (Atricon) e pela Câmara da Indústria da Construção (CBIC), o presente tópico pretende explorar as principais causas

---

obras públicas, seja para retomar o andamento das obras já paralisadas, seja para evitar a paralisação das novas obras que serão realizadas ao longo do programa. No entanto, para que esses objetivos sejam alcançados, é fundamental a adoção de políticas públicas coordenadas entre os gestores públicos e os agentes do setor para otimizar os recursos disponíveis e para implementar aprimoramentos no ambiente jurídico-institucional aplicável. Assim, parte do presente estudo é dedicado para identificar as causas e apresentar possíveis soluções que podem ser adotadas para resolução do crítico contexto em que o país se encontra no desenvolvimento de suas obras."

[51] BRASIL. Câmara Brasileira da Indústria da Construção. *Novo Programa de Aceleração de Crescimento e Principais Desafios*. São Paulo: CBIC, 2023. p. 7. Disponível em: https://brasil.cbic.org.br/acervo-coinfra-publicacao-novo-pac-e-principais-desafios. Acesso em: 27 jan. 2024. "Este trabalho examina o Novo PAC anunciado em agosto de 2023 e tem por objetivo identificar as barreiras à sua boa execução e que iniciativas poderiam ser tomadas para assegurar que os recursos mobilizados no âmbito do programa venham a ter um impacto positivo e de primeira ordem na vida das pessoas e competitividade das empresas. O trabalho analisa o Novo PAC de acordo com o seu desenho, incluindo tamanho, grau de complexidade e heterogeneidade; estrutura de governança; critérios de priorização; e capacidade de execução. Esses conceitos foram utilizados para propor um conjunto de iniciativas para o programa obter resultados que beneficiem a população."

das paralisações das obras públicas federais, avaliando se há convergência entre as informações disponíveis nos referidos estudos elaborados pelos órgãos e entidades indicados.

Em 2006, o Tribunal de Contas da União realizou levantamento para verificar a situação das obras públicas inacabadas no Brasil, notadamente aquelas executadas pelos órgãos e entidades do Poder Executivo Federal, mesmo que por meio de convênios ou outros instrumentos de repasse congêneres que fundamentaram a realização de transferências voluntárias da União para outros entes estaduais ou municipais.

O referido trabalho culminou com a prolação do Acórdão nº 1.188/2007-Plenário,[52] que determinou a adoção de medidas para aperfeiçoamento das normas vigentes e da sistemática de controle exercida pela administração pública federal, objetivando a melhoria da gestão dos recursos públicos.

A amostra do objeto da auditoria foi de quatrocentas obras inconclusas, identificadas pela equipe de fiscalização do TCU, que estavam sendo gerenciadas por sete ministérios e pelo Departamento Nacional de Infraestrutura de Transportes (DNIT).

O montante de recursos fiscalizados foi de, aproximadamente, R$ 3,5 bilhões, destinados a custear 130 contratos de obras públicas executadas diretamente pela União e as outras 270 por estados e municípios que receberam verbas federais voluntariamente transferidas. As obras foram selecionadas por meio de requisições aos órgãos e entidades gestores e houve filtro de materialidade para que somente contratos superiores a R$ 450.000,00 fossem objeto de análise, já que muitas transferências voluntárias de baixa materialidade poderiam inviabilizar a elaboração do estudo dentro dos prazos e recursos humanos disponíveis.

---

[52] BRASIL. Tribunal de Contas da União. *Acórdão 1.188/2007*. Relator: Valmir Campelo, Plenário, julgado em 20/06/2007. Brasília, DF: Tribunal de Contas da União, 2019. Disponível em: https://pesquisa.apps.tcu.gov.br/documento/acordao-completo/*/NUMACORDAO%253A1188%2520ANOACORDAO%253A2007%2520COLEGIADO%253A%2522Plen%25C3%25A1rio%2522/DTRELEVANCIA%2520desc%252C%2520NUMACORDAOINT%2520desc/0. Acesso em: 27 jan. 2024. SUMÁRIO: "Para cumprir sua missão de assegurar a efetiva e regular gestão dos recursos públicos, em benefício da sociedade, incumbe ao TCU, orientado pelos macroprocessos – definidos em seu planejamento estratégico – de auxílio ao Congresso Nacional e aperfeiçoamento da administração pública, sugerir a elaboração de normas e a implementação de sistemáticas que previnam o desperdício de recursos federais acarretado pela indevida paralisação de obras públicas".

As causas de paralisação foram identificadas por meio de solicitação de informação aos órgãos gestores, o que permitiu maior aproximação com a causa real da paralisação, sem o estabelecimento prévio de possíveis causas, para que o gestor pudesse indicar, de acordo com cada caso concreto, o motivo da paralisação.

As causas apresentadas constam da tabela resumo a seguir.

Figura 6 – Causa da paralisação das obras públicas

Fonte: Acórdão nº 1.188/2007-TCU-Plenário (2007)

A dificuldade de constatação das reais causas fica demonstrada na tabela anterior, já que em 24,5% dos casos a causa não foi informada, inviabilizando a busca da solução e mudança do paradigma por meio de medidas tendentes a evitar futuras paralisações.

O fluxo orçamentário e financeiro foi responsável por 39,75% das causas de paralisações, enquanto 10,25% das obras foram paralisadas por problemas no projeto e na execução dos contratos. Os dois motivos de paralisação juntos correspondem à paralisação de exatos 50% dos contratos da amostra estudada.

Diante do quadro desafiador para a gestão dos múltiplos contratos de obras públicas com recursos federais, muitas vezes executadas por estados e municípios após transferências voluntárias, com diversos órgãos e entidades federais gestores, a Corte de Contas, considerando a ausência de informações satisfatórias disponíveis sobre a gestão dos contratos, determinou ao então Ministério do Planejamento, Orçamento e Gestão a implementação de "um sistema de informações para registro de dados das obras públicas executadas com recursos federais que consubstancie um Cadastro Geral de Obras e permita o controle e acompanhamento dos empreendimentos, bem como a ampla consulta pela sociedade".[53]

Tal sistema buscaria endereçar a assimetria, ou mesmo inexistência, de informações sobre muitos dos casos em que sequer as causas das paralisações estão disponíveis para consumo gerencial e tomada de decisão; afinal, em 24,5% dos casos a causa da paralisação não foi informada por quem era responsável pela gestão contratual.

Sobre as paralisações decorrentes de dificuldades no fluxo orçamentário e financeiro, o TCU sugeriu ao Congresso Nacional[54] que somente incluísse novas obras nas futuras leis orçamentárias anuais quando fosse verificada a viabilidade de continuidade da carteira de contratos de obras em andamento, evitando assim a paralisação por insuficiência de recursos.

O desafio, à época, era amplificado pela inexistência do cadastro geral de obras executadas com recursos federais, que motivou a determinação já citada para endereçar solução para o problema por meio da criação do sistema para cadastrar todas as obras públicas executadas com recursos federais, contemplando diversas informações gerenciais.

É dizer: como saber quanto seria necessário alocar na lei orçamentária anual federal para que as obras já contratadas fossem concluídas e não sofressem descontinuidade, já que não havia clareza sobre as informações de quantos e quais contratos de obras públicas estavam em execução?

---

[53] BRASIL. Tribunal de Contas da União. *Acórdão 1.188/2007*. Relator: Valmir Campelo, Plenário, julgado em 20/06/2007. Brasília, DF: Tribunal de Contas da União, 2007. Item 9.1.1. Disponível em: https://pesquisa.apps.tcu.gov.br/documento/acordao-completo/*/NUMACORDAO%253A1188%2520ANOACORDAO%253A2007%2520COLEGIADO%253A%2522Plen%25C3%25A1rio%2522/DTRELEVANCIA%2520desc%252C%2520NUMACORDAOINT%2520desc/0. Acesso em: 27 jan. 2024.

[54] BRASIL. Tribunal de Contas da União. *Acórdão 1.188/2007*. Relator: Valmir Campelo, Plenário, julgado em 20/06/2007. Brasília, DF: Tribunal de Contas da União, 2007. Disponível em: https://pesquisa.apps.tcu.gov.br/documento/acordao-completo/*/NUMACORDAO%253A1188%2520ANOACORDAO%253A2007%2520COLEGIADO%253A%2522Plen%25C3%25A1rio%2522/DTRELEVANCIA%2520desc%252C%2520NUMACORDAOINT%2520desc/0. Acesso em: 27 jan. 2024. Item 9.5.1.5: "inclusão de obras novas condicionada à existência de recursos suficientes, de modo a não prejudicar o adequado andamento aos projetos já inseridos na Carteira".

Outros estudos do Tribunal de Contas da União buscaram a identificação das principais causas das paralisações de obras públicas. Considerando que um deles contemplou amostra significativa de contratos usando tecnologia da informação, pode ser considerado um marco relevante sobre o tema, e foi realizado no âmbito de uma auditoria operacional,[55] com o objetivo de elaborar um diagnóstico sobre as obras paralisadas no país financiadas com recursos da União.

A identificação da causa da paralisação da obra pública decorreu de análise dos metadados constantes dos sistemas utilizados pelos próprios órgãos e entidades gestores dos contratos, quais sejam: Caixa Econômica Federal, Programa de Aceleração do Crescimento, Ministério da Educação, Departamento Nacional de Infraestrutura de Transportes e Fundação Nacional de Saúde. A própria seleção dos órgãos e entidades foi guiada pela disponibilidade de metadados correlacionados com a situação da execução contratual (indicando se a obra estaria em execução ou paralisada) e da motivação para a paralisação, caso o contrato estivesse indicado como paralisado.

Os levantamentos e conclusões da auditoria operacional sobre obras paralisadas foram apreciados pelo TCU por meio do Acórdão nº 1.079/2019-Plenário,[56] que apontou como sendo as principais causas de paralisação das obras incluídas no Programa de Aceleração do Crescimento: problemas técnicos (47%), abandono pela empresa (23%), outros (12%), problema orçamentário/financeiro (10%), judicial (3%), órgãos de controle (3%), desapropriação (1%) e questões ambientais (1%).

---

[55] BRASIL. Tribunal de Contas da União. *Manual de Auditoria Operacional*. Brasília, DF: Tribunal de Contas da União, 2020. p. 14. Disponível em: https://portal.tcu.gov.br/data/files/F2/73/02/68/7335671023455957E18818A8/Manual_auditoria_operacional_4_edicao.pdf. Acesso em: 27 jan. 2024. "A auditoria operacional é o exame independente, objetivo e confiável que analisa se empreendimentos, sistemas, operações, programas, atividades ou organizações do governo estão funcionando de acordo com os princípios de economicidade, eficiência, eficácia e efetividade e se há espaço para aperfeiçoamento." (ISSAI 3000/17).

[56] BRASIL. Tribunal de Contas da União. *Acórdão 1.079/2019*. Relator: Vital do Rego, Plenário, julgado em 15/05/2019. Brasília, DF: Tribunal de Contas da União, 2019. Disponível em: https://pesquisa.apps.tcu.gov.br/documento/acordao-completo/*/NUMACORDAO%253A1079%2520ANOACORDAO%253A2019%2520/DTRELEVANCIA%2520desc%252C%2520NUMACORDAOINT%2520desc/0. Acesso em: 22 out. 2023.

Figura 7 – Causa da paralisação das obras

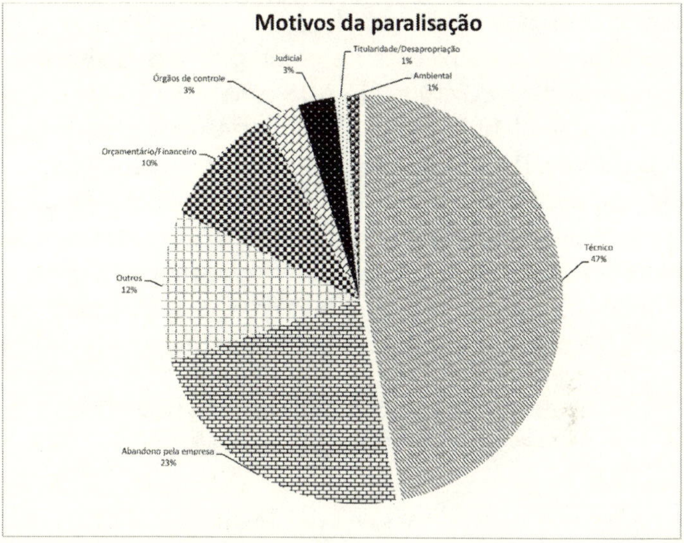

Motivos da paralisação

- Técnico 47%
- Abandono pela empresa 23%
- Outros 12%
- Orçamentário/Financeiro 10%
- Judicial 3%
- Órgãos de controle 3%
- Titularidade/Desapropriação 1%
- Ambiental 1%

Fonte: Tribunal de Contas da União (2019)

Destaca-se que as causas "abandono pela empresa" e "outros", que representam 35% dos casos, na verdade possuem causa primária não identificada, contemplando múltiplas possíveis causas, dentre as quais também podem estar presentes problemas técnicos ou mesmo orçamentário e financeiro como motivadores do abandono da empresa, demonstrando que, mesmo em 2019, treze anos após o trabalho citado de 2006, os sistemas disponíveis não foram suficientes para indicar a causa real das paralisações.

A causa identificada com a maior frequência, que representou impacto em 47% das ocorrências de obras paralisadas, foi problema "técnico", que não é específica, o que impede o adequado tratamento.

Buscando analisar mais detalhadamente as causas das paralisações informadas com maior recorrência problema "técnico", "orçamentário/financeiro" e "abandono da empresa", conforme Figura 4, a própria equipe de fiscalização fez vistoria no local de 84 obras paralisadas para que fossem identificadas as verdadeiras causas reais das paralisações.

Com base nesse aprofundamento, as seguintes espécies de causas foram identificadas como as causas primárias: "contratação com base em projeto básico deficiente", "insuficiência de recursos financeiros de contrapartida" e "dificuldade dos entes subnacionais em gerir os recursos recebidos".[57]

O ciclo de fiscalizações de obras públicas realizadas pelo TCU anualmente apresentou em 2018 consolidação das principais irregularidades identificadas pelo Tribunal ao longo do período compreendido entre os dez anos anteriores e evidenciou que 1.158 achados de auditoria foram identificados nas 1.688 fiscalizações realizadas no período.[58] A única irregularidade que foi identificada por mais vezes do que a deficiência dos projetos foi a contratação com superfaturamento ou sobrepreço (preços acima dos preços de mercado), conforme indicado na figura a seguir:

Figura 8 – Irregularidades identificadas pelo TCU em contratos de obras públicas (2008 a 2017)

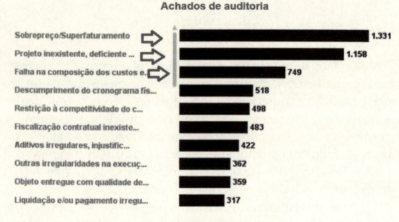

Fonte: Tribunal de Contas da União – TC 025.542/2017-6 (2017)

---

[57] BRASIL. Tribunal de Contas da União. *Acórdão 1.079/2019*. Relator: Vital do Rego, Plenário, julgado em 15/05/2019. Conforme voto do relator. Brasília, DF: Tribunal de Contas da União, 2019. Disponível em: https://pesquisa.apps.tcu.gov.br/documento/acordao-completo/*/NUMACORDAO%253A1079%2520ANOACORDAO%253A2019%2520/DTRELEVANCIA%2520desc%252C%2520NUMACORDAOINT%2520desc/0. Acesso em: 27 jan. 2024.

[58] BRASIL. Tribunal de Contas da União. *Acórdão 2.461/2018*. Relator: Bruno Dantas, Plenário, julgado em 24/10/2018. Brasília, DF: Tribunal de Contas da União, 2018. Disponível em: https://pesquisa.apps.tcu.gov.br/documento/acordao-completo/*/NUMACORDAO%253A1079%2520ANOACORDAO%253A2019%2520/DTRELEVANCIA%2520desc%252C%2520NUMACORDAOINT%2520desc/0. Acesso em: 27 jan. 2024.

Apesar de o escopo do Fiscobras de 2018 não ter sido com enfoque no tema obras paralisadas, as informações apresentadas corroboram a frequência em que projetos deficientes foram identificados nas fiscalizações, o que reforça a deficiência dos projetos como causa primária bastante provável e relevante para motivar a paralisação de obras públicas contratadas com recursos federais.

Importante destacar que, mesmo que haja solução técnica para corrigir a deficiência do projeto contratado, a demora na solução do problema do projeto acaba por provocar aumento do custo da obra, muitas vezes gerando debates intensos sobre a necessidade de reequilíbrio econômico-financeiro do contrato.

Quando a obra é executada por convênio entre a União e município, há o risco de o município não possuir recursos para fazer frente ao incremento de custo, pois uma outra causa identificada no aprofundamento feito com a verificação das 84 obras vistoriadas no local foi justamente a "insuficiência de recursos financeiros de contrapartida".

Desse modo, seria provável haver apenas uma reclassificação do motivo da paralisação, que deixaria de ser a deficiência do projeto e passaria a ser motivada pela insuficiência de recursos do município para fazer frente à contrapartida para a retomada do contrato.

A título exemplificativo, destaca-se a resposta enviada pelo próprio gestor no âmbito da fiscalização sobre obras paradas de 2019, transcritas no relatório da fiscalização, acerca das obras de remanejamento dos serviços de abastecimento de água em Salvador:

> Em relação ao objeto da contratação envolvendo recursos federais, constata-se que houve deficiências na etapa de projeto e planejamento, já que as obras praticamente não foram iniciadas por restrições de engenharia (R4). O problema ensejou o encerramento do contrato inicial, e a atual necessidade de recontratação das obras – hoje totalmente paralisadas –, envolvendo, obviamente, custos adicionais, como de mobilização geral e esforços administrativos dos atores envolvidos.
> (...)
> o atraso da obra decorreu essencialmente de falta de solução tempestiva para o problema da liberação da faixa de domínio da BR 324 para a execução das obras, problema que perdurou por vários exercícios (2013-2017), e ensejou a necessidade de recontratação das obras, envolvendo,

obviamente, custos adicionais, como de mobilização geral e esforços administrativos dos atores envolvidos.[59]

Tal resposta evidencia que a deficiência do projeto motivou a interrupção da execução da referida obra pelo período compreendido entre os anos de 2013 e 2017, gerando incremento de custos em virtude da realização de desmobilização e nova mobilização das equipes e equipamentos, bem como pela majoração dos preços unitários por aumentos ao longo do tempo. Ademais, há o custo de oportunidade da postergação da execução dos serviços, agravada pelo prazo adicional para a realização de uma nova contratação.

Em alguns casos há, ainda, a necessidade de contratação de vigilância para guarda do local das obras, que, se estiverem parcialmente executadas ainda, irão demandar custos para preservação dos investimentos realizados, bem como a realização de serviços para recuperação do que eventualmente for degradado pela ação do tempo.

Considerando a relevância do tema, houve monitoramento contínuo das recomendações e determinações até então proferidas e por meio do Acórdão nº 2.695/2022-Plenário houve recomendação para que houvesse migração de todas as bases sobre gestão de obras para o Cadastro Integrado de Projetos de Investimento (CIPI),[60] que, após a publicação do Decreto nº 11.272/2022,[61] passou a ser denominado Obrasgov.br.

---

[59] BRASIL. Tribunal de Contas da União. *Acórdão 1.079/2019*. Relator: Vital do Rego, Plenário, julgado em 15/05/2019. Brasília, DF: Tribunal de Contas da União, 2019. Disponível em: https://pesquisa.apps.tcu.gov.br/documento/acordao-completo/*/NUMACORDAO%253A1079%2520ANOACORDAO%253A2019%2520/DTRELEVANCIA%2520desc%252C%2520NUMACORDAOINT%2520desc/0. Acesso em: 22 out. 2023.

[60] BRASIL. Tribunal de Contas da União. *Acórdão 2.695/2022*. Relator: Aroldo Cedraz, Plenário, julgado em 07/12/2022. Brasília, DF: Tribunal de Contas da União, 2022. Disponível em: https://pesquisa.apps.tcu.gov.br/documento/acordao-completo/*/NUMACORDAO%253A2695%2520ANOACORDAO%253A2022%2520/DTRELEVANCIA%2520desc%252C%2520NUMACORDAOINT%2520desc/0. Acesso em: 28 jan. 2024. "9.4. recomendar ao Centro de Governo que torne obrigatória a migração de todas as bases de dados de obras custeadas com recursos federais para o CIPI, bem como a sua permanente atualização, de modo a torná-lo, de fato, um banco de dados único, completo e confiável, permitindo, assim, a produção de informações úteis para a tomada de decisão dos gestores públicos responsáveis pelos setores de infraestrutura e para outros atores interessados."

[61] BRASIL. *Decreto nº 11.272, 17 de maio de 2022*. Altera o Decreto nº 10.496, de 28 de setembro de 2020, que institui o Cadastro Integrado de Projetos de Investimento. Brasília, DF: Presidência da República, 2020. Disponível em: http://www.planalto.gov.br/ccivil_03/_ato2019-2022/2022/decreto/D11272.htm#:~:text=D11272&text=Altera%20o%20Decreto%20n%C2%BA%2010.496,vista%20o%20disposto%20no%20art. Acesso em: 28 jan. 2024.

Recentemente, o TCU realizou nova auditoria operacional que possui correlação com o tema das obras públicas paralisadas, dessa vez tendo por objetivo a avaliação das iniciativas governamentais para retomar a execução de obras paralisadas identificadas nos ciclos de fiscalizações anteriores (2019 e 2022), que identificou a ineficácia e a fragmentação das ações adotadas no âmbito do Poder Executivo federal e motivou a prolação do Acórdão nº 2.134/2023-Plenário.

Considerando a capilaridade das obras públicas, o que já foi retratado no presente trabalho, a auditoria contou com o apoio da Associação dos Membros dos Tribunais de Contas do Brasil (Atricon) e do Instituto Rui Barbosa (IRB), com etapa realizada em conjunto pela Rede Integrar, por meio de auditoria coordenada.[62]

A Rede Integrar é composta por todos os Tribunais de Contas dos Estados e Municípios, além do Tribunal de Contas da União,[63] e incluiu no Plano Anual de Trabalho de 2022 uma auditoria coordenada que contou com a participação de vinte Tribunais de Contas, sendo quinze de estados, quatro dos municípios, além do TCU,[64] objetivando a realização de verificação das causas das paralisações de 560 empreendimentos em 294 municípios.

---

[62] BRASIL. Tribunal de Contas da União. *Orientações sobre Auditoria Coordenada*. Brasília, DF: Tribunal de Contas da União, 2020. p. 10. Disponível em: https://redeintegrar.irbcontas.org.br/. Acesso em: 28 jan. 2024. "Por sua vez, as auditorias coordenadas são uma combinação das auditorias conjuntas e paralelas. Normalmente, possuem um núcleo comum de questões de auditoria a serem analisadas, ainda que outras sejam incluídas de acordo com o interesse de cada instituição participante. As fiscalizações são conduzidas simultaneamente, produzem relatórios independentes e costumam apresentar um relatório consolidado em adição aos relatórios individuais elaborados por cada instituição (GUID 9000, 2019)."

[63] BRASIL. Rede Integrar. Regimento Interno. *Portaria Conjunta 4, de 02 de setembro de 2021*. [S. l.]: Rede Integrar, 2021. Disponível em: https://irbcontas.org.br/wp-admin/admin-ajax.php?juwpfisadmin=false&action=wpfd&task=file.download&wpfd_category_id=1863&wpfd_file_id=20683&token=&preview=1. Acesso em: 28 jan. 2024.

[64] BRASIL. Tribunal de Contas da União. *Acórdão 2.134/2023*. Relator: Vital do Rego, Plenário, julgado em 15/05/2019. Brasília, DF: Tribunal de Contas da União, 2023. Disponível em: https://pesquisa.apps.tcu.gov.br/documento/acordao-completo/*/NUMACORDAO%253 A2134%2520ANOACORDAO%253A2023%2520COLEGIADO%253A%2522Plen%25C3% 25A1rio%2522/DTRELEVANCIA%2520desc%252C%2520NUMACORDAOINT%2520de sc/0. Acesso em: 28 jan. 2024. Item 1.4. Tribunais de conta dos estados: Alagoas, Amazonas, Amapá, Bahia, Ceará, Espírito Santos, Mato Grosso, Mato Grosso do Sul, Pará, Pernambuco, Rio de Janeiro, Rio Grande do Sul, Santa Catarina, São Paulo e Tocantins; Tribunais de contas dos municípios: do Goiás e do Pará; e Tribunais de contas do município: do Rio de Janeiro e de São Paulo.

Em relação à identificação das causas das paralisações das obras públicas, o voto do ministro relator indicou que "os respondentes apontaram como principais causas da paralisação: a rescisão contratual (35%), o atraso nos repasses de recursos (25%), o abandono injustificado da obra pela empresa (18%), o atraso de pagamento à contratada (17%) e o desequilíbrio econômico-financeiro do contrato (16%)".[65]

Destaca-se que a rescisão contratual e o abandono da empresa não são causas primárias, mas as ações que viabilizaram retomar as obras indicadas pelos gestores demonstram que, mais uma vez, a deficiência dos projetos tinha forte conexão com a motivação da paralisação, visto que os gestores indicaram que "Em relação aos fatores que contribuíram para a retomada das obras, 41% dos respondentes citaram a realização de levantamentos/diagnósticos, e 31% mencionaram a readequação do projeto às necessidades atuais".

A Controladoria-Geral da União também realizou trabalho acerca do tema obras paralisadas. Foi elaborado Relatório de Levantamento, em dezembro de 2019, que apontou que as principais causas das paralisações de obras seriam: carência de recursos, planejamento, dificuldade de coordenação entre os entes federados e falta de capacidade dos entes, além da deficiência de projetos e atuação de órgãos de controle, meio ambiente e ações judiciais.[66]

Verifica-se que algumas das causas são semelhantes às apontadas pelo Tribunal de Contas da União, a exemplo de problemas nos projetos, orçamentários e financeiros, questões judiciais ou de controle e ambientais, motivo pelo qual o trabalho da CGU reforça as principais causas apontadas pelo TCU, conforme se segue:

---

[65] BRASIL. Tribunal de Contas da União. *Acórdão 2.134/2023*. Relator: Vital do Rego, Plenário, julgado em 15/05/2019. Brasília, DF: Tribunal de Contas da União, 2023. Disponível em: https://pesquisa.apps.tcu.gov.br/documento/acordao-completo/*/NUMACORDAO%253A2134%2520ANOACORDAO%253A2023%2520COLEGIADO%253A%2522Plen%25C3%25A1rio%2522/DTRELEVANCIA%2520desc%252C%2520NUMACORDAOINT%2520desc/0. Acesso em: 28 jan. 2024.

[66] BRASIL. Controladoria-Geral da União. *Levantamento de obras paralisadas*: dezembro/2019: relatório de Avaliação. Brasília, DF: Controladoria-Geral da União, 2019. Disponível em: https://eaud.cgu.gov.br/relatorios/download/900153. Acesso em: 23 out. 2023.

Figura 9 – Causa da paralisação das obras

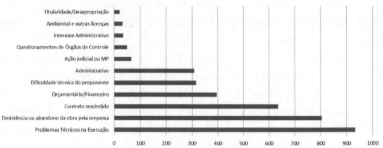

Fonte: Controladoria-Geral da União – Levantamento de obras paralisadas 2020 (2020)

Mais uma vez, os problemas técnicos despontam como fatores principais para a execução com sucesso ou paralisação da execução contratual de obras públicas.

Na mesma linha, os números apontados pela CGU indicam sinergia com os constantes do relatório do TCU, no sentido de que são proporcionalmente baixas as obras paralisadas por decisões judiciais (3%), de órgãos de controle (3%), por motivos ambientais (1%) ou por questões de desapropriações (1%), conforme indicado na Figura 5.

No âmbito das entidades que representam o setor privado, a Câmara Brasileira da Indústria da Construção – CBIC elaborou estudo denominado "O labirinto das obras públicas", de junho de 2020, por meio do qual afirmou que "o cerne da questão reside nas causas internas ao contrato, as quais, em essência, são erros, falhas e omissões nos estudos, projetos, contratações e/ou nas execuções das obras públicas".[67]

Assim, de igual modo as questões apontadas pela CBIC demonstram a importância de um bom planejamento para que os contratos celebrados para a execução de obras públicas entreguem os objetos inicialmente previstos, especialmente para mitigar os erros e omissões dos projetos.

---

[67] CBIC. Câmara Brasileira da Indústria da Construção. *O labirinto das obras públicas*. Brasília, DF: Câmara Brasileira da Indústria da Construção, 2020. Disponível em: https://cbic.org.br/wp-content/uploads/2020/06/labirinto_CBIC.pdf. Acesso em: 22 out. 2023.

A título exemplificativo, serão expostos a seguir exemplos de obras contratadas com recursos federais que foram paralisadas, indicando as respectivas causas. Serão apresentados os dados das obras da Universidade Federal Latino-Americana (Unila) e da Ferrovia de Integração Oeste Leste (Fiol).

Em relação à Universidade Federal Latino-Americana, o Tribunal de Contas da União fiscalizou as obras de construção do *campus* da universidade por algumas vezes ao longo dos anos. O local previsto para implantação do *campus* se situa em um terreno doado por Itaipu binacional, dentro da área de segurança da usina hidrelétrica de Itaipu, com 380 mil m² de área.[68]

O referido contrato foi fiscalizado pelo TCU nos anos de 2012, 2014 e de 2015. Em 2012,[69] quatro achados de auditoria foram identificados, quais sejam: sobrepreço por preços excessivos perante o mercado, deficiência das informações constantes da planilha orçamentária, projeto básico e executivo deficientes e ausência de termo aditivo para formalizar alterações contratuais.

Em 2014, após a realização de nova auditoria, foi constatado que houve atrasos injustificáveis na execução das obras da Unila, celebração de termo aditivo irregular, execução de serviços com qualidade deficiente e alterações do contrato com acréscimos e supressões em percentual superior ao legalmente permitido, além de contratação irregular por inexigibilidade de licitação.

Desse modo, considerando os achados identificados em 2012, notadamente o achado de deficiência dos projetos, é possível verificar uma relação consequencialista entre as irregularidades verificadas na primeira fiscalização e os apontamentos feitos na segunda fiscalização, após passados dois anos.

Tal constatação pode ser percebida uma vez que o achado de deficiência de projetos básico e executivo, identificado em 2012,

---

[68] BRASIL. Tribunal de Contas da União. *Acórdão 1.339/2017*. Relator: Ana Arraes. Julgado em 28/06/2017. Brasília, DF: Tribunal de Contas da União, 2017. Disponível em: https://pesquisa.apps.tcu.gov.br/redireciona/acordao-completo/ACORDAO-COMPLETO-2255469. Acesso em: 1 fev. 2024.

[69] BRASIL. Tribunal de Contas da União. *Acórdão 3.650/2013*. Relator: Ana Arraes. Julgado em 10/12/2013. Brasília, DF: Tribunal de Contas da União, 2013. Disponível em: https://pesquisa.apps.tcu.gov.br/documento/acordao-completo/*/NUMACORDAO%253A3650%2520ANOACORDAO%253A2013%2520/score%2520desc/2. Acesso em: 1 fev. 2024.

acaba por, previsivelmente, influenciar no prazo de execução das obras inicialmente contratadas, gerando atrasos na execução dos serviços do contrato, conforme foi verificado em 2014 pela equipe de fiscalização e considerado como irregular.

Ademais, projetos deficientes geram a necessidade de celebrar termos aditivos para promover alterações contratuais, o que também foi verificado em 2014, mas considerado irregular.

Destaca-se que é possível haver atraso na execução dos serviços contratados e não ser considerado uma irregularidade. De igual modo, é possível haver a celebração de termos aditivos aos contratos iniciais, promovendo alterações necessárias, e não necessariamente significar a ocorrência de uma irregularidade. Apesar disso, no caso concreto, diversas irregularidades foram identificadas, dentre as quais essas.

Diante de um quadro em que diversas irregularidades foram constatadas além das aqui citadas, seria previsível a paralisação da execução dos serviços contratados, o que de fato acabou por ocorrer, agravado pela ausência de medidas de proteção para as etapas dos serviços já executados.

Até a presente data, no ano de 2024, as obras relativas à construção da Universidade Federal da Integração Latino-Americana, em Foz do Iguaçu, encontram-se paralisadas, cercadas por diversas irregularidades, sem prestar qualquer serviço público para a sociedade.

Assim, o exemplo trazido no caso concreto ilustra o cenário da execução de obras públicas contratadas com recursos federais, em que é comum haver a multiplicidade de achados de auditoria quando ocorre fiscalização do TCU, especialmente aqueles considerados recorrentes, como projeto básico e executivo deficientes e sobrepreço por preços acima dos preços de mercado, que configuram problemas técnicos, que são uma das principais causas de paralisação das obras públicas, conforme apontado pelos trabalhos aqui já citados realizados pelo Tribunal de Contas da União, pela Controladoria-Geral da União e pela Câmara Brasileira da Indústria da Construção.

Já em relação à Ferrovia de Integração Oeste Leste, no Estado da Bahia, obra contratada em 2010 pela estatal responsável por obras ferroviárias VALEC Engenharia, Construção e Ferrovias S.A., o Tribunal de Contas da União realizou a sua primeira fiscalização ainda quando da etapa de edital, momento prévio à celebração do contrato para a execução das obras de construção.

Na ocasião, o Tribunal identificou a ocorrência de possível sobrepreço em virtude da existência de preços excessivos ante os preços de mercado e uma gama de deficiências dos projetos básicos[70] utilizados para subsidiar a realização da licitação para a contratação da execução das obras ferroviárias.

Sobre a deficiência dos projetos, a título exemplificativo, a ponte sobre o rio São Francisco foi licitada mesmo sem a realização das adequadas sondagens para caracterização do solo do local onde a ponte seria construída, o que logicamente configura risco de modificações futuras da solução das fundações, com consequente alteração da metodologia construtiva, com a inclusão de novos preços para os referidos serviços de modo bilateral.

Alterações dessa natureza acabam por expor a administração pública ao risco elevado de inclusão de novos serviços, já que não previstos inicialmente, com elevada materialidade, sem haver disputa entre os licitantes para a formação de tal preço, que não passou pelo crivo da competição no processo licitatório.

O Departamento Nacional de Infraestrutura de Transportes possui farta normatização técnica,[71] dentre as quais há normas sobre

---

[70] BRASIL. Tribunal de Contas da União. *Acórdão 2.371/2011*. Relator: Weder de Oliveira. Julgado em 31/08/2011. Brasília, DF: Tribunal de Contas da União, 2011. Disponível em: https://pesquisa.apps.tcu.gov.br/documento/acordao-completo/ferrovia%2520de%2520i ntegra%25C3%25A7%25C3%25A3o%2520oeste%2520leste/%2520/DTRELEVANCIA%2 520asc%252C%2520NUMACORDAOINT%2520asc/12. Acesso em: 1 fev. 2024. "9.2.2.1. insuficiência de estudos prévios necessários para a definição do traçado dos lotes 6 e 7, o que pode resultar em alterações de traçados posteriores à contratação, proporcionando a futura execução de obra em trecho sem investigação geotécnica associada e com custos maiores do que os estimados inicialmente; 9.2.2.2. insuficiência de sondagens para caracterização de materiais de primeira, segunda e terceira categorias e de solos moles nos lotes 5, 6 e 7; 9.2.2.3. seleção de método construtivo antieconômico e não usualmente aplicado nas obras ferroviárias para produção dos diversos tipos de concreto, a exemplo do concreto para as obras de arte especiais nos lotes 5, 5A, 6 e 7; 9.2.2.4. insuficiência de estudos para definição das jazidas de areia e brita com impacto no modelo de aquisição (comercial x explorada), na distância média de transporte (DMT) e no uso da areia artificial, subproduto da britagem, para compor o traço dos diversos concretos nos lotes 5, 5A, 6 e 7; 9.2.2.5. inclusão na planilha orçamentária de "serviços por administração" com quantidades em horas de máquinas e pessoal sem a identificação do objeto a ser executado nos lotes 5, 6 e 7; 9.2.2.6. ausência de projeto que dimensione e quantifique as armaduras de concreto armado e as soluções das fundações das obras de arte especiais nos lotes 5, 5A, 6 e 7."

[71] BRASIL. Departamento Nacional de Infraestrutura de Transportes. *Especificação de serviço*. Brasília, DF: Departamento Nacional de Infraestrutura de Transportes, [20--]. Disponível

a necessidade de realização de sondagens em obras lineares, como rodovias e ferrovias, o que não foi respeitado quando da referida contratação, apesar de ser algo trivial na engenharia.

Ao longo do trajeto da ferrovia, o mesmo problema foi identificado, com sondagens insuficientes para a caracterização do solo que daria suporte ao traçado da ferrovia, o que possibilita uma série de problemas executivos futuros, como a constatação posterior da presença de solo com características diferentes, cuja remoção pode ser bastante mais cara, envolvendo equipamentos especiais e até mesmo dinamite (em caso de rocha) do que aquele solo inicialmente arbitrado, com grande imprecisão, já que as sondagens técnicas para identificação com boa margem de precisão do solo não foi realizada.

Em relação aos indícios de sobrepreço apontados pela equipe de fiscalização, destaca-se que o trabalho quantificou R$ 340 milhões em preços excessivos perante o mercado.[72]

Ainda ao longo da fiscalização, após os apontamentos da equipe de fiscalização, a VALEC reduziu em R$ 210 milhões o preço total máximo até então estabelecido para a execução dos objetos previstos nos editais fiscalizados.

Ademais, além da redução concretizada ao longo do período da fiscalização, outros R$ 130 milhões foram objeto de discussão posterior, demonstrando a elevada materialidade do sobrepreço identificado em etapa anterior à da execução do contrato.

---

em: https://www.gov.br/dnit/pt-br/assuntos/planejamento-e-pesquisa/ipr/coletanea-de-normas/coletanea-de-normas/especificacao-de-servico-es. Acesso em: 1 fev. 2024.

[72] BRASIL. Tribunal de Contas da União. *Acórdão 2.074/2010*. Relator: Weder de Oliveira. Julgado em 18/08/2010. Brasília, DF: Tribunal de Contas da União, 2010. Disponível em: https://pesquisa.apps.tcu.gov.br/documento/acordao-completo/ferrovia%2520de%2520integra%25C3%25A7%25C3%25A3o%2520oeste%2520leste/%2520/DTRELEVANCIA%2520asc%252C%2520NUMACORDAOINT%2520asc/6. Acesso em: 1 fev. 2024. "2.7 – Benefícios estimados – Entre os benefícios oriundos desta fiscalização, cita-se a mitigação dos riscos de danos ao erário decorrentes de eventual contratação da proposta menos vantajosa para a Administração Pública. O total dos benefícios quantificáveis desta auditoria corresponde a R$ 340.298.187,99, os quais podem ser divididos da seguinte forma: – Benefícios quantificáveis reais de R$ 209.555.442,51, correspondente à redução do preço total máximo estabelecido pela Valec para execução dos objetos previstos nos Editais de Concorrência nos 005/2010 e 008/2010, republicados em 08/06/2010 e 14/06/2010, respectivamente; – Benefícios quantificáveis potenciais de R$ 130.742.745,48, correspondente ao indício de sobrepreço apontado pela equipe de auditoria. Obs.: Os benefícios quantificáveis reais decorrem da alteração dos preços máximos previstos nos Editais de Concorrência nº 005/2010 e nº 008/2010 republicados em razão da atuação desta equipe de auditoria."

A identificação de sobrepreço motivou determinação do TCU para que a VALEC promovesse alterações nos custos unitários de insumos e serviços de acordo com as tabelas oficiais do sistema de custos de obras rodoviárias do DNIT, o que acabou por evitar a ocorrência de danos ao erário.[73]

De igual modo ao que ocorreu com a Unila, a Ferrovia de Integração Oeste Leste apresentou indícios de irregularidade de deficiência do projeto básico e de sobrepreço de elevada materialidade, considerando os preços constantes do orçamento do edital em relação aos preços das tabelas oficiais, considerados como critério para aferição do preço de mercado.

Além da coincidência dos mesmos dois achados identificados nos dois casos, há uma terceira coincidência, que seria a constatação de outras tantas irregularidades nos dois casos, havendo ainda uma quarta coincidência, que seria a não conclusão das obras após passados mais de dez anos da contratação, já que as obras para a construção da Ferrovia de Integração Oeste Leste não foram concluídas até a presente data.

Ou seja, problemas técnicos fizeram com que grandes atrasos ocorressem, o que seria previsível em cenário de contratação de obras públicas com base em projetos básicos com grau de deficiência severo.

Agrava a situação de deficiência dos projetos a associação do achado com outras tantas irregularidades, o que também ocorreu no caso da Unila, demonstrando que a deficiência do planejamento prévio à contratação ocorre mesmo em projetos de grande magnitude e envergadura em que a administração pública deveria ser muito mais cuidadosa e criteriosa.

---

[73] BRASIL. Tribunal de Contas da União. *Acórdão 2.074/2010*. Relator: Weder de Oliveira. Julgado em 18/08/2010. Brasília, DF: Tribunal de Contas da União, 2010. Disponível em: https://pesquisa.apps.tcu.gov.br/documento/acordao-completo/ferrovia%2520de%2520integra%25C3%25A7%25C3%25A3o%2520oeste%2520leste/%2520/DTRELEVANCIA%2520asc%252C%2520NUMACORDAOINT%2520asc/6. Acesso em: 1 fev. 2024. "9.1. determinar à Valec Engenharia, Construções e Ferrovias S.A. que, quando da elaboração das planilhas orçamentárias de referência, adote custos unitários de insumos ou serviços em conformidade com a tabela do Sistema de Custos de Obras Rodoviárias do Dnit (Sicro) e, nos casos em que o Sicro não oferecer custos unitários de insumos ou serviços, adote aqueles disponíveis em tabela de referência formalmente aprovada por órgão ou entidade da Administração Pública Federal, incorporando-se às composições de custos dessas tabelas, sempre que possível, os custos de insumos constantes do Sicro."

Assim, após apresentar estudos que indicam as principais causas de paralisação de contratos celebrados para a execução de obras públicas, dentre as quais se encontram a deficiência dos projetos que dão base à contratação e a identificação de sobrepreço dos preços contratuais em relação aos preços de mercado, que configuram problemas técnicos, foram apresentados dois exemplos concretos de obras públicas executadas com recursos federais em que os mesmos dois problemas técnicos foram identificados e influenciaram na paralisação da execução dos contratos.

Nos dois exemplos os contratos não foram concluídos até a presente data, mesmo passados mais de dez anos em ambos os casos, sendo que as obras do campus de Unila continuam paralisadas e não possuem qualquer previsão de retomada ou mesmo de conclusão, exemplificando bem o cenário complexo que é encontrado em muitos dos empreendimentos paralisados.

1.4 A Nova Lei de Licitações e o enfrentamento das principais causas das paralisações de obras públicas

Buscando criar mecanismos para contribuir com a solução da problemática relacionada às dificuldades surgidas quando da execução dos contratos administrativos, a Lei nº 14.133, de 1º de abril de 2021, Nova Lei de Licitações, trouxe uma série de inovações relativas ao planejamento das contratações públicas, mas também sobre a etapa de execução propriamente dita dos contratos celebrados para a implantação de obras públicas.

Em relação à etapa de planejamento das licitações, o novo diploma legal instituiu novos princípios administrativos, dentre os quais consta o princípio do planejamento,[74] justamente percebendo

---

[74] Redação do art. 5º: "Na aplicação desta Lei, serão observados os princípios da legalidade, da impessoalidade, da moralidade, da publicidade, da eficiência, do interesse público, da probidade administrativa, da igualdade, do planejamento, da transparência, da eficácia, da segregação de funções, da motivação, da vinculação ao edital, do julgamento objetivo, da segurança jurídica, da razoabilidade, da competitividade, da proporcionalidade, da celeridade, da economicidade e do desenvolvimento nacional sustentável, assim como as disposições do Decreto-Lei nº 4.657, de 4 de setembro de 1942 (Lei de Introdução às

que muitas das causas das inexecuções dos contratos, paralisações ou mesmo atrasos das obras teriam conexão com deficiência no planejamento prévio à contratação, dando destaque à referida etapa que tem grande importância para o êxito não apenas da contratação, mas também da execução do contrato dentro dos parâmetros idealizados pela administração pública, para que a finalidade pública seja alcançada.

Apesar disso, não é esperado que os novos princípios da Nova Lei de Licitações sejam usados para decidir casos concretos por meio da atribuição de significado único ao princípio, pois os princípios devem ser usados para a aplicação das regras, já que "não se viola um princípio, mas se violam regras interpretadas conforme o conjunto de princípios norteadores da atividade administrativa".[75]

No caso do princípio do planejamento, em que pese ter sido relevante alçar o tema do planejamento ao *status* de princípio no âmbito da Nova Lei de Licitações e contratos administrativos, tal "promoção", isoladamente, não tenderia a ser suficiente para promover os avanços almejados, pois dependeria de diretrizes mais concretas para dar clareza ao que de fato seria pretendido[76] e deveria ser objeto de atenção dos implementadores das novidades legislativas.

Normas do Direito Brasileiro)." BRASIL. *Lei nº 14.133, de 1º de abril de 2021*. Nova Lei de Licitações. Brasília, DF: Presidência da República, 2021. Disponível em: https://www.planalto.gov.br/ccivil_03/_ato2019-2022/2021/lei/l14133.htm. Acesso em: 19 jan. 2024.

[75] JUSTEN FILHO, Marçal. *Curso de direito administrativo*. 14. ed. Rio de Janeiro: Forense, 2023. p. 261-262. "Ou seja, não é cabível decidir o caso concreto mediante a invocação a apenas um princípio, atribuindo-lhe um significado normativo único e específico. As regras atinentes à licitação encontram-se definidas numa multiplicidade de dispositivos. A eficácia normativa dos princípios consiste em promover critérios hermenêuticos para a aplicação das regras. Não se viola um princípio, mas se violam regras interpretadas conforme o conjunto de princípios norteadores da atividade administrativa."

[76] "A nossa tradição romano-germânica pode nos levar à crença de que nos basta o sopro do Legislador, muito bem impresso no texto legal, para que o estado das coisas se altere. Mas a realidade impõe-se de modo bastante diverso. Não há como se promover uma mudança radical na legislação, irrompendo velozmente no paradigma pós-positivista – principalmente em se tratando de licitações e contratos administrativos – sem que antes se verifique um avanço na própria atividade interpretativa da Administração Pública e também um avanço no instrumental de gestão, que já é possível a partir da legislação existente, com destaque para a inovação digital." BARBOSA, Jandeson da Costa. Aspectos hermenêuticos da Nova Lei de Licitações e Contratos Administrativos. *Revista do Tribunal de Contas da União*, Brasília, DF, ano 52, n. 147, 2021. Disponível em: https://revista.tcu.gov.br/ojs/index.php/RTCU/article/view/1695/1835. Acesso em: 25 jan. 2024.

É dizer, alçar o planejamento a princípio e não dizer efetivamente como o gestor deveria agir para realizar um planejamento adequado seria algo de provável pouca transformação na realidade da gestão dos editais e contratos administrativos,[77] bem como no dia a dia dos gestores que trabalhariam com base em uma diretriz genérica, sem saber como dar concretude ao novo paradigma que a lei quer estabelecer, já que a lei teria sido omissa e não indicado as suas reais pretensões.

Justamente por isso, a nova lei tanto alçou o planejamento a princípio como foi descritiva em relação a condutas esperadas dos gestores em relação a pontos percebidos pelos legisladores como mais críticos para haver melhoria real do planejamento e, consequentemente, aumentar a probabilidade das entregas para a sociedade em termos de prestação de serviços públicos.

Ainda sobre a etapa de planejamento, merece destaque a mudança legislativa trazida pela nova lei que impôs a necessidade da realização de sondagens para verificação das características e da qualidade do solo do terreno escolhido para a realização da construção de uma obra pública, o que não estava previsto expressamente na até então vigente Lei nº 8.666, de 21 de junho de 1993, que nem sequer tinha a palavra "sondagem" no seu texto.

Por outro lado, é possível afirmar, de modo inequívoco, que o referido diploma legal anterior já era suficientemente claro quanto à necessidade, previamente às licitações, da realização de sondagens dos terrenos a serem objeto da construção, pois, já que havia previsão na própria lei antes da realização de licitações para a contratação de obras públicas, necessariamente haveria a elaboração dos projetos básicos,[78] que, nos termos do mesmo diploma legal, deveriam ter

---

[77] "(...) princípios são normas com grau de generalidade relativamente alto, enquanto o grau de generalidade das regras é relativamente baixo. (...) princípios são normas que ordenam que algo seja realizado na maior medida dentro das possibilidades jurídicas e fáticas existentes (...). Já as regras são normas que são sempre ou satisfeitas ou não satisfeitas." ALEXY, Robert. *Teoria dos direitos fundamentais*. Trad. de Virgílio Afonso da Silva da 5. ed. alemã Theorie der Grundrechte. 2. ed. São Paulo: Malheiros, 2011, p. 87-91.

[78] Redação do art. 7º, §2º, inciso I: "As obras e os serviços somente poderão ser licitados quando: I – houver projeto básico aprovado pela autoridade competente e disponível para exame dos interessados em participar do processo licitatório". BRASIL. *Lei nº 8.666, de 21 de junho de 1993*. Brasília, DF: Presidência da República, 1993. Disponível em: https://www.planalto.gov.br/ccivil_03/leis/l8666cons.htm. Acesso em: 19 jan. 2024.

os elementos necessários e suficientes para caracterização da obra, permitindo a avaliação de custos, métodos construtivos e prazo de execução dos serviços.[79]

Desse modo, a não realização das sondagens previamente à realização da licitação pública para a contratação das obras impede a caracterização do solo do local da implantação do objeto, o que não permite que haja definição da solução de fundação e do método construtivo, inviabilizando a quantificação dos custos associados aos serviços dessa etapa e a elaboração do cronograma físico financeiro, com a definição do prazo de execução do contrato, desrespeitando o texto legal.

Por mais que pareça óbvio, não raras vezes as sondagens necessárias e até mesmo previstas em normas não são realizadas, mesmo sendo um risco relevante para a definição do método construtivo das fundações, com o consequente dimensionamento dos custos e prazos, provocando alterações significativas nos contratos por meio de aditivos contratuais, atrasos na execução e aumento de custos.

Ou seja, contratar a execução de uma obra pública sem saber, com base em estudos técnicos, qual seria a qualidade e a característica do solo do local da construção já não encontrava amparo legal; por outro lado, não raras vezes era verificado em campo, como no caso da Ferrovia de Integração Oeste Leste (FIOL), em que uma ponte de 3,00 km sobre o rio São Francisco foi licitada sem a quantidade e profundidade de sondagens requeridas pela norma técnica, conforme visto no tópico anterior.

Destaca-se que o exemplo da FIOL, como já dito, não trata de uma obra simples, mas sim de uma obra de grande porte e alta complexidade, pois uma ponte de 3,00 km em um rio do porte do rio São Francisco não pode ser menosprezada em termos de complexidade, especialmente diante dos custos e riscos envolvidos,

---

[79] Redação do art. 6º, inciso IX: "Projeto Básico – conjunto de elementos necessários e suficientes, com nível de precisão adequado, para caracterizar a obra ou serviço, ou complexo de obras ou serviços objeto da licitação, elaborado com base nas indicações dos estudos técnicos preliminares, que assegurem a viabilidade técnica e o adequado tratamento do impacto ambiental do empreendimento, e que possibilite a avaliação do custo da obra e a definição dos métodos e do prazo de execução". BRASIL. *Lei nº 8.666, de 21 de junho de 1993*. Brasília, DF: Presidência da República, 1993. Disponível em: https://www.planalto.gov.br/ccivil_03/leis/l8666cons.htm. Acesso em: 19 jan. 2024.

que ainda assim não foram suficientes para que a empresa pública contratante da época realizasse os estudos como preveem as normas técnicas e boas práticas da engenharia.

As obras da Ferrovia de Integração Oeste Leste foram licitadas em 2010,[80] e, em que pese a ponte sobre o rio São Francisco ter sido concluída, não tem funcionalidade até a presente data, pois os trechos ferroviários anteriores e posteriores ao local da ponte ainda estão em execução, mesmo passados mais de treze anos do processo licitatório.

A insuficiência ou inexistência de sondagens prévias à contratação tem conexão com muitos dos problemas técnicos vistos no tópico anterior, bem como tem potencial para provocar atrasos decorrentes de tratativas para celebração de aditivos para a alteração dos serviços de fundação de uma obra quando o solo apresenta características diferentes das que foram inferidas sem a realização de sondagens.

De igual modo, pode gerar problemas orçamentários, quando o impacto das alterações apresentar valores relevantes proporcionalmente ao valor do contrato, já que as fundações podem ter valores bastante elevados. Todos esses problemas seriam potencialmente causas de paralisação de obras. Veremos, em capítulo a seguir, se tais causas poderiam ser objeto de arbitragem.

Considerando o reiterado descumprimento da lei anterior e a não execução de sondagens em diversos casos concretos de obras públicas, a exemplo da ausência de sondagens nas obras de construção da ponte sobre o rio São Francisco da FIOL, a Lei nº 14.133/2021 precisou ser mais descritiva e detalhada do que a Lei nº 8.666/1993.

Desse modo, a exigência de sondagens nos terrenos a serem utilizados para obras públicas passou a constar expressamente na nova lei, que passou a exigir as sondagens em fase de elaboração de anteprojetos,[81] fase essa anterior à fase de elaboração dos projetos

---

[80] VALEC. *Edital 08/2010*. Contratação de empresa para execução das obras e serviços de engenharia para construção de ponte sobre o rio São Francisco a ser implantada entre o km 825 + 230 e o km 828 + 130 do subtrecho da Ferrovia de Integração Oeste Leste – FIOL, compreendido entre Ilhéus/BA e Barreiras/BA. Brasília, DF: VALEC, 2010. Disponível em: https://portal.valec.gov.br/a-valec/licitacoes-e-contratos/licitacoes/305-concorrencia-edital-n-008-2010. Acesso em: 19 jan. 2024.

[81] Redação do art. 6º. Inciso XXIV, alínea i: "anteprojeto: peça técnica com todos os subsídios necessários à elaboração do projeto básico, que deve conter, no mínimo, os seguintes elementos: (...) i) pareceres de sondagem." BRASIL. *Lei nº 14.133, de 1º de abril de 2021*.

básicos, que era a fase prevista para a realização de sondagens pela Lei nº 8.666/1993, conforme visto anteriormente, mesmo que não de maneira expressa.

Outro ponto que merece destaque e que foi trazido na Nova Lei de Licitações é a previsão para elaboração de projetos de engenharia preferencialmente por meio da modelagem *Building Information Modelling* (BIM).[82]

A modelagem BIM seria uma forma de melhorar tanto a etapa de elaboração de projetos quanto a etapa de execução dos contratos, por meio da integração entre as várias espécies de projeto de uma obra, a exemplo da elaboração dos projetos elétricos, hidráulicos e de estruturas em um mesmo sistema e ao mesmo tempo, fazendo com que interferências que antes somente eram percebidas quando da execução das obras possam ser identificadas e corrigidas ainda na etapa de projeto.

Antes da Nova Lei de Licitações, o BIM vinha sendo experimentado nas contratações públicas em decorrência das diretrizes trazidas pelo Decreto nº 10.306, de 2 de abril de 2020, que estabeleceu a implementação gradual do BIM pela administração pública, dispondo que alguns tipos de projeto passariam a ser elaborados adotando a modelagem BIM para investimentos em aeroportos regionais no âmbito da Secretaria Nacional de Ação Civil, reabilitação estrutural de obras de arte especiais do Departamento Nacional de Infraestrutura de Transportes e nas obras relativas a imóveis do Exército Brasileiro, da Marinha do Brasil e da Força Aérea Brasileira.[83]

Nova Lei de Licitações. Brasília, DF: Presidência da República, 2021. Disponível em: https://www.planalto.gov.br/ccivil_03/_ato2019-2022/2021/lei/l14133.htm. Acesso em: 19 jan. 2024.

[82] Redação do art. 19, §3º: "Nas licitações de obras e serviços de engenharia e arquitetura, sempre que adequada ao objeto da licitação, será preferencialmente adotada a Modelagem da Informação da Construção (*Building Information Modelling* – BIM) ou tecnologias e processos integrados similares ou mais avançados que venham a substituí-la". BRASIL. *Lei nº 14.133, de 1º de abril de 2021*. Nova Lei de Licitações. Brasília, DF: Presidência da República, 2021. Disponível em: https://www.planalto.gov.br/ccivil_03/_ato2019-2022/2021/lei/l14133.htm. Acesso em: 19 jan. 2024.

[83] Redação do art. 2º: "Ficam vinculados às ações de disseminação do BIM previstas neste Decreto: I – Ministério da Defesa, por meio das atividades executadas nos imóveis jurisdicionados ao Exército Brasileiro, à Marinha do Brasil e à Força Aérea Brasileira; e II – Ministério da Infraestrutura, por meio das atividades coordenadas e executadas: a) pela Secretaria Nacional de Aviação Civil, para investimentos em aeroportos regionais; e

A utilização do BIM permite, entre outros benefícios, a identificação precoce das interferências nos projetos, contribui com a redução dos custos da solução do problema, já que ocorre de modo tempestivo, antes mesmo do início da realização dos serviços, evita o retrabalho na fase de execução da obra, mas também otimiza a etapa de elaboração dos projetos, que passam a ser feitos dentro de uma mesma plataforma, que sinaliza, por meio de ferramenta de detecção de interferências, de modo imediato, problemas que poderiam ser levados para a etapa de construção e poderiam requerer a realização de termos aditivos, a majoração dos custos, a alteração do cronograma e até mesmo a paralisação da obra, a depender do grau de severidade do problema.[84]

Passando a tratar das alterações da lei de licitações que se relacionam com a fase da execução contratual e com a problemática do presente estudo, destacam-se os métodos alternativos de solução de conflitos previstos na Nova Lei de Licitações, que passou a prever a possibilidade de uso, pela administração pública, dos referidos institutos, bem como de alterações significativas em relação às garantias de execução dos contratos e, ainda, a previsão de cláusula de retomada da execução contratual por parte da empresa seguradora, conforme veremos.

Sobre a apresentação de garantias, existe a possibilidade de a administração pública exigir no valor equivalente a até 5% do valor inicial do contrato, autorizada a majoração para até 10%, desde que haja justificativa em função da complexidade técnica e dos riscos do caso concreto.

Outro ponto relevante sobre o oferecimento de garantias para a execução do contrato é que na nova lei há a previsão de segurança adicional para os casos em que o licitante vencedor apresente proposta inferior a 85% do valor orçado pela administração, nos termos do artigo 59, §5º.[85]

---

b) pelo Departamento Nacional de Infraestrutura de Transportes – DNIT, para reforço e reabilitação estrutural de obras de arte especiais". BRASIL. *Decreto nº 10.306, de 2 de abril de 2020*. Brasília, DF: Presidência da República, 2020. Disponível em: https://www.planalto.gov.br/ccivil_03/_ato2019-2022/2020/decreto/D10306.htm. Acesso em: 25 jan. 2024.

[84] SACKS, Rafael. *Manual de BIM*. Porto Alegre: Bookman, 2021. p. 20-23.

[85] Redação do artigo 59, §5º: "Nas contratações de obras e serviços de engenharia, será exigida garantia adicional do licitante vencedor cuja proposta for inferior a 85% (oitenta

Ademais o artigo 102 da Nova Lei de Licitações e contratos administrativos prevê que o edital poderá estabelecer a obrigação de a seguradora, em caso de inadimplemento pelo contratado, assumir a execução e concluir a execução do objeto do contrato no lugar da construtora contratada.

Logicamente, tal exigência deverá ser associada à possibilidade de a seguradora ter acesso às instalações relativas à execução do contrato principal bem como acompanhar a execução do contrato e ter livre acesso às informações técnicas e contábeis, além de poder solicitar informações ou esclarecimentos aos responsáveis pela execução do contrato, o que seria essencial para que a seguradora assumisse o risco de oferecer a garantia para a construtora, já que seria improvável que uma seguradora tivesse o *know-how* necessário para executar contratos no lugar da construtora, sendo provável a subcontratação dos serviços remanescentes.

Sobre os métodos alternativos de solução de controvérsia, estão expressamente previstos no artigo 151[86] da nova lei, quais sejam: a conciliação, a mediação, o *dispute board* e a arbitragem, que é o objeto do presente trabalho.

Dois dos quatro institutos possuem legislação federal específica, quais sejam a Lei de Mediação nº 13.140, de 26 de junho de 2015, e a Lei de Arbitragem nº 9.307, de 23 de setembro de 1996.

Além de os métodos alternativos estarem expressamente previstos na Lei nº 14.133/2021, a própria Constituição Federal[87]

---

e cinco por cento) do valor orçado pela Administração, equivalente à diferença entre este último e o valor da proposta, sem prejuízo das demais garantias exigíveis de acordo com esta Lei". BRASIL. *Lei nº 14.133, de 1º de abril de 2021*. Nova Lei de Licitações. Brasília, DF: Presidência da República, 2021. Disponível em: https://www.planalto.gov.br/ccivil_03/_ato2019-2022/2021/lei/l14133.htm. Acesso em: 19 jan. 2024.

[86] Redação do art. 151: "anteprojeto: peça técnica com todos os subsídios necessários à elaboração do projeto básico, que deve conter, no mínimo, os seguintes elementos: (…) i) pareceres de sondagem". BRASIL. *Lei nº 14.133, de 1º de abril de 2021*. Nova Lei de Licitações. Brasília, DF: Presidência da República, 2021. Disponível em: https://www.planalto.gov.br/ccivil_03/_ato2019-2022/2021/lei/l14133.htm. Acesso em: 19 jan. 2024.

[87] Redação do Preâmbulo: "Nós, representantes do povo brasileiro, reunidos em Assembleia Nacional Constituinte para instituir um Estado Democrático, destinado a assegurar o exercício dos direitos sociais e individuais, a liberdade, a segurança, o bem-estar, o desenvolvimento, a igualdade e a justiça como valores supremos de uma sociedade fraterna, pluralista e sem preconceitos, fundada na harmonia social e comprometida, na ordem interna e internacional, com a solução pacífica das controvérsias, promulgamos, sob a proteção de Deus, a seguinte CONSTITUIÇÃO DA REPÚBLICA FEDERATIVA DO BRASIL". BRASIL. [Constituição (1988)]. *Constituição da República Federativa do Brasil de*

prevê no seu preâmbulo que nas tratativas internas e externas haverá a busca de soluções pacíficas, o que indica a busca de soluções não litigiosas (quando possível), o que também é reforçado com a tendência de incentivar soluções extrajudiciais de conflitos trazidas no mesmo sentido pelo que dispõe o § 3º do art. 3º do Código de Processo Civil.[88]

De igual modo, a Lei de Introdução às Normas do Direito Brasileiro, instituída pelo Decreto-Lei nº 4.657, de 4 de setembro de 1942, dispõe que, para eliminar irregularidade, incerteza jurídica ou situação contenciosa na aplicação do direito público, autoridade administrativa poderá celebrar compromisso com os interessados.[89]

Sobre o método alternativo de solução de controvérsia exercido por meio da mediação,[90] alguns princípios dão suporte à busca da solução, como o informalismo, a confidencialidade, a confiança, a voluntariedade das partes que se sujeitam à possibilidade de um terceiro imparcial contribuir com o processo de busca da solução.

A busca pela paz social e pelo bem-estar bem como o acesso à justiça ganharam reforço com o aumento da utilização dos métodos alternativos de solução de controvérsia, já que tais métodos podem

---

1988. Brasília, DF: Presidência da República, [2023]. Disponível em: https://www.planalto.gov.br/ccivil_03/constituicao/constituicao.htm. Acesso em: 2 fev. 2024.

[88] Redação do §3º do art. 3º: "A conciliação, a mediação e outros métodos de solução consensual de conflitos deverão ser estimulados por juízes, advogados, defensores públicos e membros do Ministério Público, inclusive no curso do processo judicial". BRASIL. *Lei nº 13.105, de 16 de março de 2015*. Brasília, DF: Presidência da República, 2015. Disponível em: https://www.planalto.gov.br/ccivil_03/_ato2015-2018/2015/lei/l13105.htm. Acesso em: 20 jan. 2024.

[89] Redação do art. 26: "Para eliminar irregularidade, incerteza jurídica ou situação contenciosa na aplicação do direito público, inclusive no caso de expedição de licença, a autoridade administrativa poderá, após oitiva do órgão jurídico e, quando for o caso, após realização de consulta pública, e presentes razões de relevante interesse geral, celebrar compromisso com os interessados, observada a legislação aplicável, o qual só produzirá efeitos a partir de sua publicação oficial". BRASIL. *Decreto-Lei nº 4.657, de 4 de setembro de 1942*. Brasília, DF: Presidência da República, 1942. Disponível em: https://www.planalto.gov.br/ccivil_03/decreto-lei/del4657compilado.htm. Acesso em: 25 jan. 2024.

[90] "A inclusão informal ou formal de terceiro imparcial na negociação ou na disputa dá-se o nome de mediação, que é, pois, um mecanismo para obtenção da autocomposição caracterizado pela participação de terceiro imparcial que auxilia, facilita e incentiva os envolvidos. Em outras palavras, mediação é a intervenção de um terceiro imparcial e neutro, sem qualquer poder de decisão, para ajudar os envolvidos em um conflito a alcançar voluntariamente uma solução mutuamente aceitável. A mediação se faz mediante um procedimento voluntário e confidencial e estabelecido em método próprio, informal, porém coordenado final." CALMON, Petrônio. *Fundamentos da mediação e da conciliação*. 4. ed. Brasília, DF: Gazeta Jurídica, 2019. p. 119.

ser escolhidos pelo próprio cidadão para resolver as suas lides, como ocorre com a mediação.[91]

Já em relação ao método alternativo da conciliação,[92] essa terminologia costuma ser adotada quando aquele que exerce o papel de suporte às partes na busca pela solução autocompositiva faz parte da estrutura judiciária. É como se houvesse uma busca de solução mediada, mas por aquele que teria a missão de resolver a lide no caso de não haver uma solução autocompositiva pelas partes.

Interessante destacar que uma terceira pessoa não envolvida emocionalmente com o problema e não impactada pela polarização da controvérsia pode criar um ambiente favorável ao diálogo e, assim, contribuir para que haja solução que atenda ao que seria essencial para cada uma das partes.[93]

O *dispute board* possui projeto de lei em tramitação no Congresso Nacional,[94] inspirado em legislação produzida no Município de São Paulo, também existente nos municípios de Belo Horizonte e Porto Alegre.[95]

A conciliação, a mediação e o *dispute board* não serão objeto do presente estudo, porém, são institutos que podem contribuir com soluções mais dialógicas na relação da administração pública com os particulares contratados para a execução de obras públicas.

---

[91] "Entre os métodos que podem ser escolhidos pelo cidadão, encontra-se a mediação de conflitos, que pode ser definida como um processo em que um terceiro imparcial e independente coordena reuniões separadas ou conjuntas com as pessoas envolvidas em conflitos, sejam elas físicas ou jurídicas, com o objetivo de promover uma reflexão sobre a inter-relação existente, a fim de alcançar uma solução, que atenda a todos os envolvidos." BRAGA NETO, Adolfo. *Negociação, mediação, conciliação e arbitragem*. 5. ed. Rio de Janeiro: Forense, 2023, p. 153.

[92] "A autocomposição recebe a dimensão processual quando fruto da conciliação realizada em juízo ou quando as partes realizam o acordo fora do ambiente processual, mas resolvem levar o acordo para o processo, com vistas à homologação judicial." CALMON, Petrônio. *Fundamentos da mediação e da conciliação*. 4. ed. Brasília, DF: Gazeta Jurídica, 2019, p. 133.

[93] "Pela autocomposição, uma terceira pessoa é adicionada à relação polarizada entre os envolvidos na controvérsia; essa nova presença pode viabilizar mudanças na dinâmica até então estabelecida." BRAGA NETO, Adolfo. *Negociação, mediação, conciliação e arbitragem*. 5. ed. Rio de Janeiro: Forense, 2023, p. 225.

[94] BRASIL. Câmara dos Deputados. *Projeto de Lei nº 9.883/2018*. Deputado Pedro Paulo. Brasília, DF: Câmara dos Deputados, 2018. Disponível em: https://www.camara.leg.br/proposicoesWeb/fichadetramitacao?idProposicao=2170449. Acesso em: 25 jan. 2024.

[95] Lei Municipal de São Paulo nº 16.873/2018; Lei Municipal de Belo Horizonte nº 11.241/2020 e Lei Municipal de Porto Alegre nº 12.810/2021.

Mesmo fora da normatização da Nova Lei de Licitações, a busca por meios alternativos ao litígio tem feito com que haja um crescimento do consensualismo na administração pública.

No âmbito do Tribunal de Contas da União, em janeiro de 2023, foi criada a Secretaria de Soluções Consensuais e Prevenção de Conflitos, que instituiu a possibilidade de o próprio gestor requerer a instituição de uma comissão para, em noventa dias, buscar solucionar problemas complexos da administração pública federal com a homologação do TCU, buscando maior segurança jurídica, o que está disciplinado pela Instrução Normativa 91,[96] de 22 de dezembro de 2022, do TCU.

Ao longo do primeiro ano de existência da secretaria, chegaram demandas por soluções consensuais na área de infraestrutura ao TCU, por requisição do Poder Executivo, superiores a R$ 220 bilhões.[97]

Já a arbitragem, essa, sim, objeto do presente estudo, tinha previsão expressa tanto na lei de arbitragem quanto na lei do regime diferenciado de contratações, para que fosse utilizada pela administração pública nas contratações que envolvessem obras de engenharia, mas não há histórico consistente da utilização de arbitragem para esse ramo da engenharia.

---

[96] BRASIL. Tribunal de Contas da União. *Instrução Normativa 91, de 22 de dezembro de 2022*. Brasília, DF: Tribunal de Contas da União, 2022. Disponível em: https://pesquisa.apps.tcu.gov.br/documento/ato-normativo/Instru%C3%A7%C3%A3o%20Normativa-TCU%252087%252F2020/%2520/score%2520desc/5. Acesso em: 2 fev. 2024. "Institui, no âmbito do Tribunal de Contas da União, procedimentos de solução consensual de controvérsias relevantes e prevenção de conflitos afetos a órgãos e entidades da Administração Pública Federal."

[97] DANTAS, Bruno. Um ano de Secex Consenso e Mediação Técnica no TCU. *Correio Braziliense*, Brasília, DF, 1 fev. 2024. Disponível em: https://www.correiobraziliense.com.br/direito-e-justica/2024/02/6796046-bruno-dantas-um-ano-de-secexconsenso-e-a-meditacao-tecnica-no-tcu.html. Acesso em: 2 fev. 2024. "A evolução do direito administrativo ao redor do mundo tem sido marcada por uma tendência crescente em direção ao consensualismo. Nas palavras do jurista francês Roger Perrot, já há algum tempo se observa que o jurisdicionado almeja uma Justiça mais simples, menos solene e mais próxima de suas preocupações cotidianas. E essa ideia, de uma justiça da proximidade, não tem se limitado ao Poder Judiciário. Trata-se de uma mudança paradigmática, que reflete a busca por maior eficiência, celeridade e responsividade, também na gestão governamental. O consensualismo na administração pública representa uma abordagem moderna e dinâmica no contexto estatal, partindo de uma evolução significativa em relação aos métodos tradicionais, estes baseados primordialmente na imposição unilateral de decisões. Essa tendência global, influenciada por movimentos de reforma em diversas nações, ressalta a importância do diálogo e do consenso na formulação e implementação de políticas públicas, bem como na resolução dos conflitos destas decorrentes."

Desse modo, veremos em capítulo próprio tanto a evolução legislativa sobre a utilização de arbitragem pela administração pública como os desafios para que a própria administração pública passe a adotar a arbitragem na área de obras públicas, buscando o atendimento ao interesse público, por meio da efetiva entrega de objetos, com funcionalidade, que é o anseio da sociedade.

CAPÍTULO 2

A ADOÇÃO DA ARBITRAGEM EM CONTRATAÇÕES PÚBLICAS FEDERAIS PARA A EXECUÇÃO DE OBRAS DE ENGENHARIA: POSSIBILIDADES E LIMITES

A adoção de métodos alternativos ao monopólio da jurisdição conduzida pelo Estado era dominante no século XIX e entrou em declínio no século XX, visto que a concentração populacional em grandes centros acabou por criar uma crescente demanda por soluções dos problemas mais variados, muitas vezes complexos, o que acabou por fazer com que os métodos alternativos de solução de controvérsias se espalhassem e fossem "incorporados a sistemas de justiça de todo o mundo".[98]

Ao redor do mundo, a arbitragem comercial ganhou força e passou a ser bastante adotada. Na área de comercio internacional a arbitragem vem florescendo e ocupando espaços e novos territórios.[99]

---

[98] SALLES, Carlos Alberto de. *Negociação, mediação, conciliação e arbitragem – curso de métodos adequados de solução de controvérsias*. 5. ed. Rio de Janeiro: Forense, 2023. p. 17-18.

[99] "The history of international commercial arbitration does not come to an end with the transformation of the International Chamber of Commerce into an international private justice with the characteristics of offshore litigation. It is true that, as we have seen, international commercial arbitration is now flourishing; it is the accepted method for resolving transnational commercial disputes. Certainly there are challenges within the general approach, most notably by the recent efforts to promote competing technologies such as mediation or other state-of-the-art alternatives to arbitration or litigation. But the field of international commercial arbitration continues to gain new territories and to bring new converts into this multi- and transnational legal profession; and the internationalizing process in

Num mundo cada vez mais globalizado[100] e com a internacionalização do direito, até mesmo o conceito de soberania do Estado não pode se manter estático em sua concepção clássica, passando a ter características diferentes, pois a transnacionalidade, a multiplicidade de atores, os métodos e a forma de produção do direito, além do pluralismo jurídico, fazem com que já não se possa falar em centro unitário que possa tomar isoladamente as decisões.[101]

A título exemplificativo, no direito comparado, o direito Chileno[102] possui um princípio constitucional chamado de *"servicialidad"*, que dispõe que o Estado tem a finalidade de promover o bem comum, com pleno respeito aos direitos e garantias estabelecidos pela constituição:

> *El Estado está al servicio de la persona humana y su finalidad es promover el bien común, para lo cual debe contribuir a crear las condiciones sociales que permitan a todos y a cada uno de los integrantes de la comunidad nacional su mayor realización espiritual y material posible, con pleno respeto a los derechos y garantías que esta Constitución establece.*

Ademais, a *Ley de Concesiones de Obras Publicas* do Chile, Decreto 900,[103] de 31 de outubro de 1996, dispõe que controvérsias surgidas em contratos de concessões de obras públicas podem recorrer a procedimentos arbitrais, o que buscaria dar concretude e estaria alinhado com o princípio constitucional da *servicialidad*.

No Brasil, a Lei de Arbitragem, nº 9.307, data de 23 de setembro de 1996. Apesar disso, na administração pública, considerando os normativos vigentes ao longo do tempo, intensos debates foram travados sobre a possibilidade de se utilizar da arbitragem como método alternativo, ou adequado, de solução

---

tum transforms the landscapes of national business dispute resolution." DEZALAY, Yves. *Dealing in Virtue*. Chicago: The University of Chicago Press, 1996. p. 311.

[100] Aqui entendida como globalização econômica, dando relevo para o mercado global em contraponto às fronteiras nacionais, reconhecendo ser sem restrições de fronteiras normalmente definidas no âmbito dos Estados nacionais. TOMAZETTE, Marlon. *Direito societário e globalização*. São Paulo: Atlas, 2014, p. 4-5.

[101] TOMAZETTE, Marlon. *Direito societário e globalização*. São Paulo: Atlas, 2014, p. 34-35.

[102] CHILE. *Constitución Política de la República*. Santiago: Presidencia de la República, 2005. Disponível em: https://siteal.iiep.unesco.org/sites/default/files/sit_accion_files/constitucion.pdf. Acesso em: 22 out. 2023.

[103] CHILE. *Ley de Concesiones de Obras Publicas*. Santiago: Presidencia de la República, 1996. Disponível em: https://www.bcn.cl/leychile/navegar?idNorma=16121. Acesso em: 22 out. 2023.

de controvérsias surgidas no âmbito de contratos administrativos celebrados entre a administração pública e particulares, conforme veremos no tópico 2.1 a seguir.

A controvérsia tinha como cerne a fundamentação constitucional e legal que daria permissão para tal possibilidade de uso, especialmente considerando os princípios da indisponibilidade do interesse público e da supremacia do interesse público, em contexto em que a decisão da controvérsia por árbitro ou tribunal arbitral não pertencentes aos quadros do Poder Judiciário delegaria para a justiça privada decisões que colocariam em xeque tais princípios constitucionais.[104]

Por outro lado, o artigo "O cabimento da arbitragem em contratos administrativos" aponta que "A tendência legislativa, acompanhada pela própria prática da Administração Pública quando celebra seus contratos, tem sido a de buscar a aplicação dessa fórmula privada como mecanismo viável para se pôr termo a disputas de interesse",[105] sem perder de vista que "A utilização da arbitragem consiste, ademais, em uma exigência da atual configuração do Estado, vinculada à transformação da Administração Pública".[106]

Assim, mais do que uma faculdade, o instituto seria essencial para melhorar o funcionamento da administração pública, passando a ser mais do que uma possibilidade, caso percebida a presença de interesse público na sua adoção, o que veremos em tópico próprio do presente trabalho.

Ademais, nos últimos anos, a terminologia "métodos alternativos" passou a ser questionada em função da perspectiva de que os meios a serem escolhidos para a solução das controvérsias, considerando a dimensão do interesse público, deveriam ser

---

[104] "As recent studies demonstrate, there is still much skepticism of whether arbitration or mediation can be indistinctly used in litigations in which one of the defendants might possess undeniable public interests." MARQUES, Bruno Ribeiro; DEZAN, Sandro Lúcio.; CARMONA, Paulo Afonso Cavichioli. An analysis of recent decisions on arbitration and agréments in the Brazilian Court of Accounts. *International Journal of Development Research*, v. 11, 2021, p. 44794-44799.

[105] SUNDFELD, C. A.; CÂMARA, J. A. O cabimento da arbitragem nos contratos administrativos. *Revista de Direito Administrativo*, n. 248, p. 117-126, 2008. Disponível em: http://bibliotecadigital.fgv.br/ojs/index.php/rda/article/view/41529/40879. Acesso em: 11 jun. 2021.

[106] KLEIN. Aline L. Arbitragem nas concessões de serviço público *In*: PEREIRA, César A. G.; TALAMINI, Eduardo (coord.). *Arbitragem e poder público*. São Paulo: Saraiva, 2010. p. 65.

necessariamente buscados como aqueles que forem os meios mais adequados, passando a haver autores que defendam a nomenclatura "métodos adequados", e não mais alternativos.[107]

Em outra perspectiva, as controvérsias tenderiam a ser resolvidas, em primeiro lugar, diretamente pelas partes interessadas, por meio de uma negociação direta, ou mesmo por seus advogados e representantes legais, que, caso frustrada, poderia ser objeto de uma mediação com o suporte de um terceiro especialista, mediador ou conciliador.

Caso as tentativas autocompositivas restem frustradas, as partes passariam para a adoção de métodos heterocompositivos, como o processo judicial e o processo arbitral, que poderiam ser considerados como métodos alternativos aos métodos autocompositivos e dialógicos, em que as partes têm maior poder decisório sobre a controvérsia, funcionando como um sistema multiportas de resolução de disputas.[108]

Segundo a análise econômica do direito, a decisão pela solução via autocomposição somente ocorrerá quando a proposta de acordo no âmbito negocial tiver valor igual ou superior ao esperado da ação pelo autor, assim a decisão racional do agente será de aceitar a proposta e não haverá lide.

---

[107] "Por essa razão, estamos ao lado dos autores que aludem aos meios de resolução de conflitos qualificando-os como adequados, pois o adjetivo enfatiza a principal função destes meios, que é o de corresponder, cada um deles, perfeitamente, oportunamente, apropriadamente a um objetivo, a depender da controvérsia apresentada." FACCI, Lúcio Picanço. *Meios adequados de resolução de conflitos administrativos*. Rio de Janeiro: Lumen Juris, 2019. p. 81.

[108] "A verdade é que esta terminologia tradicional e histórica, que se reporta a 'meios alternativos' está há anos sob ataque, na medida em que uma visão mais moderna do tema aponta meios adequados (ou mais adequados) de solução de litígios, não necessariamente alternativos. Em boa lógica (e tendo em conta o grau de civilidade que a maior parte das sociedades atingiu neste terceiro milênio) é razoável pensar que as controvérsias tendam a ser resolvidas, num primeiro momento, diretamente pelas partes interessadas (negociação), eventualmente com a assistência de terceiros (mediação e conciliação); em caso de fracasso deste diálogo primário (método autocompositivo), recorrerão os conflitantes às fórmulas heterocompositivas (processo estatal, processo arbitral). Sob este enfoque, os métodos verdadeiramente alternativos de solução de controvérsias seriam os heterocompositivos (o processo, seja estatal, seja arbitral), não os autocompositivos (negociação, mediação, conciliação). Para evitar esta contradição, soa correta a referência a métodos adequados de solução de litígios, não a métodos alternativos. Um sistema multiportas de resolução de disputas, em resumo, oferecerá aos litigantes diversos métodos, sendo necessário que o operador saiba escolher aquele mais apropriado ao caso concreto." CARMONA, Carlos Alberto. *Arbitragem e processo*. 4. ed. revista, atualizada e ampliada. Rio de Janeiro: Atlas, 2023. p. 31.

Por outro lado, caso a proposta não seja percebida como superior ao potencial ganho do autor, a ação racional dele será a de ajuizar ação para buscar esse ganho superior e o acordo não será celebrado.[109]

Números da Câmara de Conciliação, Mediação e Arbitragem da Federação das Indústrias do Estado de São Paulo[110] demonstram o crescimento do número de casos ao longo do tempo.

Enquanto em 1998 houve apenas um caso iniciado, entre 1999 e 2003 os números variaram entre 4 e 9 novos casos por ano, passando ao patamar de 13 a 15 entre os anos de 2004 e 2007, variando de 2008 a 2022 entre 22 e 57 novos casos por ano, perfazendo total de 684 casos entre 1998 e 2022.

Tais números são totais por ano, incluindo as arbitragens que são relativas a controvérsias entre privados, mas também entre a administração pública (direta e indireta) e particular. No mesmo período, foram realizadas apenas 49 mediações no âmbito da referida Câmara, mostrando espaço para crescimento desse outro importante instituto.

Em 2022, apenas um caso envolvendo a administração pública foi iniciado, com total de seis casos em andamento no ano de 2022, sendo dois relativos à administração pública direta e quatro envolvendo a administração pública indireta, perfazendo total em disputa da ordem de R$ 1,2 bilhões.[111]

Neste capítulo, serão abordados os avanços legislativos que acabaram contribuindo com o aumento do uso da arbitragem, bem como será realizada breve análise da jurisprudência atual, sem deixar de abordar a evolução da jurisprudência construída com base nas legislações anteriores, que retroalimentou o processo de

---

[109] "Colocando de outra forma, nos termos da Teoria da Barganha, seja A a proposta de acordo oferecida pelo eventual réu ao potencial autor durante as negociações na fase de autocomposição. Se A > p_A . B - $C_{A'}$ i.e., se o valor oferecido para acordo for maior ou igual ao valor esperado da ação, então, o agente racional aceitará a proposta e a lide será composta espontaneamente. Por outro lado, se A < p_A . B - $C_{A'}$ a opção mais interessante para o potencial autor será ajuizar a ação, logo, o acordo não será celebrado e a autocomposição fracassará." GICO JR., Ivo Teixeira. *Análise econômica do processo civil*. 2. ed. São Paulo: Foco, 2023. p. 124.

[110] FIESP. Federação das Indústrias do Estado de São Paulo. *Estatísticas 2022*. São Paulo: FIESP, 2022. p. 16. Disponível em: https://www.camaradearbitragemsp.com.br/pt/estatisticas-camara.html. Acesso em: 22 out. 2023.

[111] FIESP. Federação das Indústrias do Estado de São Paulo. *Estatísticas 2022*. São Paulo: FIESP, 2022. p. 19. Disponível em: https://www.camaradearbitragemsp.com.br/pt/estatisticas-camara.html. Acesso em: 22 out. 2023.

produção legislativa, enfrentando temas como indisponibilidade e supremacia do interesse púbico como norteadores da possibilidade jurídica da utilização, ou não, do instituto da arbitragem pela administração pública.

A jurisprudência a ser abordada contemplará não somente as decisões do Superior Tribunal de Justiça, mas também os julgados do Tribunal de Contas da União, que exerceu papel relevante na temática quando da realização de fiscalizações ou mesmo quando do julgamento de representações propostas à Corte de Contas por licitantes irresignados com as previsões dos editais que contemplavam a previsão de soluções de controvérsias dos contratos a serem celebrados por método alternativo ao tradicional litígio no âmbito do Poder Judiciário.

Após aprofundar o entendimento acerca da possibilidade de adoção da arbitragem em contratos celebrados pela administração pública, considerando que as causas principais da paralisação das obras públicas executadas com recursos federais foram apresentadas no capítulo anterior, veremos a seguir se tais causas poderiam ser objeto de solução por meio de arbitragens.

Tal aprofundamento irá analisar os tão debatidos, tanto academicamente quanto doutrinariamente, "direitos patrimoniais disponíveis", delineadores da possibilidade legal de adotar a arbitragem no âmbito da administração pública federal, como veremos a seguir.

Assim, será verificada a arbitrabilidade das causas das paralisações da execução dos contratos de obras públicas federais no contexto da base legal atualmente vigente, tema que de mesmo modo suscitou calorosos debates interpretativos, contemplando tanto aspectos relativos à arbitrabilidade subjetiva quanto aqueles relacionados à arbitrabilidade objetiva, tratadas em tópico próprio.

2.1 Evolução Legislativa e Jurisprudencial sobre a Possibilidade de uso da Arbitragem em Contratos Celebrados pela Administração Pública

A possibilidade de solução de controvérsia via métodos alternativos à demanda ao Judiciário não é algo novo no Brasil, não somente em relação à previsão em legislação, mas também sobre a previsão em constituições anteriores.

A Constituição de 1824 já apresentava a possibilidade de haver solução de conflitos por meio de árbitros[112] e o Código Comercial brasileiro de 1850, época do Império, dispôs que contratos administrativos celebrados pelo poder público para a concessão de obras e serviços públicos passariam a contemplar cláusulas compromissórias prevendo a possibilidade de uso de arbitragem para solucionar controvérsias surgidas ao longo da vigência contratual.[113]

Antes mesmo da aprovação da Lei da Arbitragem, em 1996, houve julgamento no Supremo Tribunal Federal do Caso Lage, no âmbito do Agravo de Instrumento nº 52.181,[114] julgado em 1973, por meio do qual prevaleceu o entendimento do Tribunal Pleno no sentido de que haveria legalidade do juízo arbitral, pois o direito pátrio sempre admitiu e consagrou o instituto, mesmo em casos envolvendo a fazenda pública, bem como entendeu pela constitucionalidade de cláusula de irrecorribilidade de sentença arbitral.

Não se pretende aqui detalhar o objeto do julgamento do Caso Lage, mas sim destacar que, naquela época, 1973, a arbitragem não fazia parte da rotina jurídica administrativa e era adotada em casos isolados, como no Caso Lage, que acabou se tornando um marco histórico relevante sobre a possibilidade de uso do instituto da arbitragem pela administração pública com a chancela do Supremo Tribunal Federal, em votação unânime.

Em outros julgados do Supremo Tribunal Federal, sempre se construiu o entendimento sobre ser possível usar arbitragem

---

[112] Redação do art. 160: "Nas civeis, e nas penaes civilmente intentadas, poderão as Partes nomear Juizes Arbitros. Suas Sentenças serão executadas sem recurso, se assim o convencionarem as mesmas Partes". BRASIL. *Constituição Política do Império do Brasil de 1824*. Brasília, DF: Presidência da República, [20--]. Disponível em: https://www.planalto.gov.br/ccivil_03/constituicao/constituicao24.htm. Acesso em: 11 jan. 2024.

[113] "A eleição da arbitragem nos contratos administrativos firmados pela Administração e os particulares acompanha as concessões de obras e serviços públicos desde a sua origem nos idos de 1850, ano em que o Código Comercial brasileiro passa a vigorar e que ainda tem vigência parcial." LEMES, Selma Ferreira. *Arbitragem na administração pública*: fundamentos jurídicos e eficiência econômica. São Paulo: Quartier Latin, 2007. p. 63.

[114] BRASIL. Supremo Tribunal Federal. *Agravo de Instrumento 52.181*. Relator: Bilac Pinto, Tribunal Pleno, julgado em 14/11/1973. Brasília, DF: Supremo Tribunal Federal, 1973. Disponível em: https://redir.stf.jus.br/paginadorpub/paginador.jsp?docTP=AC&docID=22084. Acesso em: 10 jan. 2024.

no âmbito da administração pública, antes mesmo da inclusão da previsão expressa acerca de tal possibilidade.

No julgamento do MS nº 11.308/DF,[115] pelo Supremo Tribunal Federal, restou consignado que a diferença clássica doutrinária entre os contratos administrativos e os contratos privados não pode ser considerada como impeditivo para que todo e qualquer contrato possa refletir elementos de direito administrativo e de direito privado.

Assim sendo, o Supremo Tribunal Federal permitiu a celebração de cláusulas contratuais em contratos administrativos estipulando cláusula compromissória que impõe a solução de lides surgidas quando da execução da avença pela via arbitral.

Já no âmbito do julgamento do RE nº 125.1647/PR, o Superior Tribunal de Justiça formou convencimento no sentido de fazer prevalecer a adoção do instituto da arbitragem em controvérsia que surgiu em contrato de compra e venda de energia elétrica buscando privilegiar o que teria sido convencionado pelas próprias partes anteriormente, "tornando-se obrigatória a via extrajudicial eleita".[116]

---

[115] BRASIL. Supremo Tribunal Federal. *MS 11.308/DF*, julgado em 9 de abril de 2008, Primeira Seção, Ministro Relator Luiz Fux. Brasília, DF: Supremo Tribunal Federal, 2008. Disponível em: https://ww2.stj.jus.br/websecstj/cgi/revista/REJ.cgi/ITA?seq=635893&tipo=0&nreg=200502127630&SeqCgrmaSessao=&CodOrgaoJgdr=&dt=20060814&formato=PDF&salvar=false. Acesso em: 21 jan. 2024. "O STF sustenta a legalidade do juízo arbitral em sede do Poder Público, consoante precedente daquela corte acerca do tema, in 'Da Arbitrabilidade de Litígios Envolvendo Sociedades de Economia Mista e da Interpretação de Cláusula Compromissória', publicado na Revista de Direito Bancário do Mercado de Capitais e da Arbitragem, Editora Revista dos Tribunais, Ano 5, outubro – dezembro de 2002, coordenada por Arnold Wald, e de autoria do Ministro Eros Grau, esclarece às páginas 398/399, in litteris: 'Esse fenômeno, até certo ponto paradoxal, pode encontrar inúmeras explicações, e uma delas pode ser o erro, muito comum de relacionar a indisponibilidade de direitos a tudo quanto se puder associar, ainda que ligeiramente, à Administração.' Um pesquisador atento e diligente poderá facilmente verificar que não existe qualquer razão que inviabilize o uso dos tribunais arbitrais por agentes do Estado. Aliás, os anais do STF dão conta de precedente muito expressivo, conhecido como 'caso Lage', no qual a própria União submeteu-se a um juízo arbitral para resolver questão pendente coma Organização Lage, constituída de empresas privadas que se dedicassem à navegação, estaleiros e portos. A decisão nesse caso unanimemente proferida pelo Plenário do STF é de extrema importância porque reconheceu especificamente 'a legalidade do juízo arbitral, que o nosso direito sempre admitiu e consagrou, até mesmo nas causas contra a Fazenda.' Esse acórdão encampou a tese defendida em parecer da lavra do eminente Castro Nunes e fez honra ao acórdão anterior, relatado pela autorizada pena do Min. Amaral Santos. Não só o uso da arbitragem não é defeso aos agentes da administração, como, antes é recomendável, posto que privilegia o interesse público."

[116] BRASIL. Superior Tribunal de Justiça. *RE 1251647/PR*, julgado em 17 de fevereiro de 2014. Ministro Relator Benedito Gonçalves. Brasília, DF: Supremo Tribunal

No ordenamento jurídico contemporâneo, ainda que já esteja com mais de duas décadas em vigor, foi aprovada legislação federal específica para tratar do instituto da arbitragem, qual seja a Lei nº 9.307, de 23 de setembro de 1996, chamada de Lei da Arbitragem, que dispõe sobre o uso da arbitragem no Brasil, indicando desde a sua prolação que as pessoas capazes de contratar poderiam utilizar arbitragem para resolver os seus litígios.[117]

A previsão suscitou novos debates sobre a possibilidade de a administração pública utilizar o instituto da arbitragem, especialmente diante da ausência de previsão expressa sobre a possibilidade do uso da arbitragem na área pública, uma vez que a utilização da arbitragem diante de tal omissão legislativa poderia configurar infração ao Princípio da Legalidade,[118] conforme artigo 5º, inciso II, da Constituição Federal de 1988, mas também pela possibilidade de haver infringência aos princípios constitucionais da supremacia e da indisponibilidade do interesse público.[119]

No âmbito do Tribunal de Contas da União, órgão da administração pública federal responsável pelo exercício do controle externo a cargo do Congresso Nacional,[120] o tema vem sendo objeto

---

Federal, 2014. Disponível em: https://www.stj.jus.br/websecstj/cgi/revista/REJ.cgi/MON?seq=33838101&tipo=0&nre. Acesso em: 2 fev. 2024. "ADMINISTRATIVO. MEDIDA CAUTELAR INOMINADA. PEDIDO DE EXCLUSÃO DO NOME NO CADASTRO DE INADIMPLENTES DA ANEEL. CONTRATOS QUE PREVEEM A ARBITRAGEM PARA SOLUÇÃO DE CONTROVÉRSIAS ENTRE AS PARTES. EXTINÇÃO DO PROCESSO SEM JULGAMENTO DO MÉRITO. HONORÁRIOS. 1. O presente feito deve ser extinto sem apreciação do mérito, por aplicação do art. 267, VII, do Código de Processo Civil, uma vez que os contratos aos quais se refere a presente demanda preveem a adoção da arbitragem para a solução de controvérsias surgidas entre as partes. Portanto, tendo as partes convencionado desse modo, torna-se obrigatória a via extrajudicial eleita, ficando afastada a solução judicial do litígio. 2. A Lei nº 9.307/96/96 estabelece, em seu art. 1º, que 'as pessoas capazes de contratar poderão valer-se da arbitragem para dirimir litígios relativos a direitos patrimoniais disponíveis'."

[117] Redação do Art. 1º: "As pessoas capazes de contratar poderão valer-se da arbitragem para dirimir litígios relativos a direitos patrimoniais disponíveis". BRASIL. *Lei nº 9.307, de 23 de setembro de 1996*. Brasília, DF: Presidência da República, 1996. Disponível em: https://www.planalto.gov.br/ccivil_03/leis/l9307.htm. Acesso em: 21 out. 2023.

[118] Redação do art. 5º, inciso II: "ninguém será obrigado a fazer ou deixar de fazer alguma coisa senão em virtude de lei". BRASIL. [Constituição (1988)]. *Constituição da República Federativa do Brasil de 1988*. Brasília, DF: Presidência da República, [2023]. Disponível em: https://www.planalto.gov.br/ccivil_03/constituicao/constituicao.htm. Acesso em: 21 out. 2023.

[119] Os princípios da supremacia e da indisponibilidade do interesse público serão tratados no tópico 2.2 a seguir.

[120] Redação do art. 71: "O controle externo, a cargo do Congresso Nacional, será exercido com o auxílio do Tribunal de Contas da União (...)". BRASIL. [Constituição (1988)].

de análise antes mesmo da edição da Lei da Arbitragem, conforme entendimento manifestado em 1993, quando do julgamento de consulta formulada pelo Ministro de Minas e Energia sobre a adoção de juízo arbitral em contratos administrativos, oportunidade na qual o plenário do Tribunal entendeu, por meio da Decisão 286/1993, que não seria possível a Chesf usar arbitragem por falta de expressa autorização legal,[121] o que colidiria com o princípio da legalidade anteriormente citado.

No mesmo sentido, o TCU proferiu a Decisão 763/1994-Plenário,[122] determinando a exclusão da previsão de uso da arbitragem do edital da concessão da ponte Rio-Niterói, entendendo que a utilização de tal método seria inadmissível em contratos administrativos.

Mesmo após a aprovação da Lei da Arbitragem, que previa que as partes capazes de contratar poderiam utilizar a arbitragem, o TCU, por meio do Acórdão nº 587/2003- Plenário,[123] determinou a supressão de cláusulas do edital e da minuta de contrato prevendo a adoção de arbitragem para futuras controvérsias relativas à execução das obras da BR 101/RS, "por serem contrárias ao art. 1º da Lei nº 9.307/96 e ao interesse público, e, portanto, nulas".

Tal entendimento acabou por motivar uma série de iniciativas legislativas, a exemplo da alteração de Lei de Concessões em 2005, a alteração da própria Lei da Arbitragem em 2015, além de aprovação de legislações setoriais já prevendo a possibilidade de a administração pública adotar a arbitragem

---

Constituição da República Federativa do Brasil de 1988. Brasília, DF: Presidência da República, [2023]. Disponível em: https://www.planalto.gov.br/ccivil_03/constituicao/constituicao.htm. Acesso em: 21 out. 2023.

[121] BRASIL. Tribunal de Contas da União. *Decisão 286/1993*. Relator: Homero Santos, Plenário, julgado em 15/07/1993. Brasília, DF: Tribunal de Contas da União, 1993. Disponível em: https://pesquisa.apps.tcu.gov.br/documento/acordao-completo/*/NUMACORDAO%253A286%2520ANOACORDAO%253A1993%2520/DTRELEVANCIA%2520desc%252C%2520NUMACORDAOINT%2520desc/3. Acesso em: 21 out. 2023.

[122] BRASIL. Tribunal de Contas da União. *Decisão 763/1994*. Relator: Carlos Átila Álvares da Silva, Plenário, julgado em 13/12/1994. Brasília, DF: Tribunal de Contas da União, 1994. Disponível em: https://pesquisa.apps.tcu.gov.br/documento/acordao-completo/arbitragem%2520ponte%2520rio%2520niteroi/%2520/DTRELEVANCIA%2520desc%252C%2520NUMACORDAOINT%2520desc/8. Acesso em: 21 out. 2023.

[123] BRASIL. Tribunal de Contas da União. *Decisão 587/2003*. Relator: Adylson Motta, Plenário, julgado em 28/05/2003. Brasília, DF: Tribunal de Contas da União, 2003. Disponível em: https://pesquisa.apps.tcu.gov.br/documento/acordao-completo/*/NUMACORDAO%253A587%2520ANOACORDAO%253A2003%2520/DTRELEVANCIA%2520desc%252C%2520NUMACORDAOINT%2520desc/0. Acesso em: 21 out. 2023.

nos seus contratos, bem como a alteração da Lei do Regime Diferenciado das Contratações Públicas, também em 2015, e a edição da Nova Lei de Licitações em 2021, contemplando a possibilidade de uso do instituto de modo mais amplo pela administração pública, como veremos a seguir.

A título exemplificativo, a Lei nº 13.448, de 5 de junho de 2017, que rege prorrogação e relicitação de contratos de parceria nos setores rodoviário, ferroviário e aeroportuário, passou a prever expressamente a adoção da arbitragem para dirimir futuras controvérsias, nos termos do artigo 15, inciso III.[124]

Assim, ante a grande controvérsia acerca da possibilidade de a administração pública se utilizar da arbitragem, a jurisprudência negativa motivou a prolação da Lei nº 13.129, de 26 de maio de 2015, que incluiu o §1º ao artigo 1º da Lei nº 9.307/1996,[125] que passou a expressamente dispor sobre a possibilidade de a administração pública utilizar a arbitragem como método alternativo de solução de controvérsias relativas a direitos patrimoniais disponíveis.

Desse modo, questionamentos de que o uso da arbitragem pela administração pública, sem previsão legal expressa, infringiria o princípio constitucional da legalidade passou a não fazer mais sentido diante da então inovação legislativa.

O art. 1º da Lei de Arbitragem sempre restringiu a sua utilização às pessoas capazes, regra que foi repetida no art. 851 do Código Civil. Havia, entretanto, enorme controvérsia a respeito da possibilidade de emprego da via arbitral pelos entes estatais. Com a alteração promovida pela Lei nº 13.129/2015, o art. 1º, § 1º, da Lei de Arbitragem passou a prever, de forma expressa, a possibilidade de utilização da arbitragem pela Administração Pública, mitigando

---

[124] Redação do inciso III, do art. 15: "Art. 15. A relicitação do contrato de parceria será condicionada à celebração de termo aditivo com o atual contratado, do qual constarão, entre outros elementos julgados pertinentes pelo órgão ou pela entidade competente: (...) III – o compromisso arbitral entre as partes com previsão de submissão, à arbitragem ou a outro mecanismo privado de resolução de conflitos admitido na legislação aplicável, das questões que envolvam o cálculo das indenizações pelo órgão ou pela entidade competente, relativamente aos procedimentos estabelecidos por esta Lei". BRASIL. *Lei nº 13.448, de 5 de junho de 2017*. Brasília, DF: Presidência da República, 2017. Disponível em: http://www.planalto.gov.br/ccivil_03/_ato2015-2018/2017/lei/l13448.htm. Acesso em: 23 out. 2023.

[125] Redação do §1º: "A administração pública direta e indireta poderá utilizar-se da arbitragem para dirimir conflitos relativos a direitos patrimoniais disponíveis". BRASIL. *Lei nº 9.307, de 23 de setembro de 1996*. Brasília, DF: Presidência da República, 1996. Disponível em: https://www.planalto.gov.br/ccivil_03/leis/l9307.htm. Acesso em: 21 out. 2023.

a controvérsia doutrinária e jurisprudencial que se arrastava desde a edição da Lei de Arbitragem, em 1996.

Antes mesmo da previsão expressa, na Lei de Arbitragem, sobre a possibilidade de a administração pública poder usar a arbitragem, os métodos alternativos de solução de controvérsias envolvendo a Administração Pública não passaram despercebidos e foram previstos pela primeira vez em uma lei geral para a administração pública quando de aprovação da Lei nº 11.079,[126] de 30 de dezembro de 2004, que dispôs sobre Normas Gerais para Licitação e Contratação de Parceria Público-Privada no âmbito da Administração Pública.

Apesar de a previsão geral ter surgido apenas em 2004, diversas leis específicas setoriais prevendo arbitragem foram aprovadas ao longo do tempo, a exemplo da Lei nº 9.472/1997 – Lei Geral de Telecomunicações; Lei nº 9.478/1997 – Lei do Petróleo e Gás; Lei nº 10.233/2001 – Lei do Transporte Aquaviário Terrestre; Lei nº 10.848 – Lei sobre Comercialização de Energia Elétrica; Lei nº 11.442/2007 – Lei do Transporte Rodoviário de Carga; Lei nº 11.909/2009 – Lei de Transporte de Gás Natural; Lei nº 12.351/2010 – Lei de exploração de Petróleo e Gás sob o regime de Partilha; e Lei nº 12.815/2013 – Nova Lei dos Portos.

O entendimento do Tribunal de Contas da União continuou sendo, por alguns anos, no sentido da impossibilidade de adoção da arbitragem na administração pública, conforme se depreende dos Acórdãos 1.796/2011-Plenário[127] e 2.573/2012-Plenário,[128] notadamente

---

[126] Redação do art. 11: "O instrumento convocatório conterá minuta do contrato, indicará expressamente a submissão da licitação às normas desta Lei e observará, no que couber, os §§ 3º e 4º do art. 15, os arts. 18, 19 e 21 da Lei n. 8.987, de 13 de fevereiro de 1995, podendo ainda prever: (...) III – o emprego dos mecanismos privados de resolução de disputas, inclusive a arbitragem, a ser realizada no Brasil e em língua portuguesa, nos termos da Lei nº 9.307, de 23 de setembro de 1996, para dirimir conflitos decorrentes ou relacionados ao contrato". BRASIL. *Lei nº 11.079, de 30 de dezembro de 2004*. Brasília, DF: Presidência da República, 2004. Disponível em: https://www.planalto.gov.br/ccivil_03/_ato2004-2006/2004/lei/l11079.htm. Acesso em: 24 out. 2023.

[127] BRASIL. Tribunal de Contas da União. *Acórdão 1.796/2011*. Relator: Augusto Nardes, Plenário, julgado em 06/07/2011. Brasília, DF: Tribunal de Contas da União, 2011. Disponível em: https://pesquisa.apps.tcu.gov.br/documento/acordao-completo/*/NUMACORDAO%253A1796%2520ANOACORDAO%253A2011%2520/DTRELEVANCIA%2520asc%252C%2520NUMACORDAOINT%2520asc/2. Acesso em: 16 fev. 2024.

[128] BRASIL. Tribunal de Contas da União. *Acórdão 2.573/2012*. Relator: Walton Alencar Rodrigues, Plenário, julgado em 26/09/2012. Brasília, DF: Tribunal de Contas da União, 2012. Disponível em: https://pesquisa.apps.tcu.gov.br/documento/acordao-completo/*/NUMACORDAO%253A2573%2520ANOACORDAO%253A2012%2520/DTRELEVANCIA%2520asc%252C%2520NUMACORDAOINT%2520asc/2. Acesso em: 16 fev. 2024.

em decorrência do entendimento de que a indisponibilidade do interesse público impediria a utilização da arbitragem.

Com o passar do tempo e a evolução normativa, houve a prolação do Acórdão nº 3.160/2020-TCU-Plenário,[129] por meio do qual o TCU julgou representação acerca da legalidade e legitimidade das cláusulas de contratos administrativos que estabeleciam a possibilidade de arbitragens em câmaras privadas, quando relativas a temas cuja competência de exame pertence às Agências Reguladoras, especialmente quando atinentes ao setor portuário.

Na ocasião, o TCU entendeu ser a representação improcedente, confirmando que seria legal a previsão do uso da arbitragem para solução de controvérsias.

Interessante destacar que, mesmo antes da Lei nº 13.129/2015, o Superior Tribunal de Justiça (STJ) entendia ser possível a utilização da arbitragem pela administração pública, conforme julgamento do Recurso Especial – Resp 904.813/PR,[130] de 28/02/2012:

> 5. Tanto a doutrina como a jurisprudência já sinalizaram no sentido de que não existe óbice legal na estipulação da arbitragem pelo poder público, notadamente pelas sociedades de economia mista, admitindo como válidas as cláusulas compromissórias previstas em editais convocatórios de licitação e contratos.
> 6. O fato de não haver previsão da arbitragem no edital de licitação ou no contrato celebrado entre as partes não invalida o compromisso arbitral firmado posteriormente.
> (...)
> 11. Firmado o compromisso, é o Tribunal arbitral que deve solucionar a controvérsia.

Consoante esse julgado, o Superior Tribunal de Justiça entendeu ser possível prever cláusulas compromissórias em editais

---

[129] BRASIL. Tribunal de Contas da União. *Acórdão 3.160/2020*. Relator: Vital do Rêgo, Plenário, julgado em 25/11/2020. Brasília, DF: Tribunal de Contas da União, 2020. Disponível em: https://pesquisa.apps.tcu.gov.br/documento/acordao-completo/*/NUMACORDAO%253 A3160%2520ANOACORDAO%253A2020%2520/DTRELEVANCIA%2520desc%252C%25 20NUMACORDAOINT%2520desc/0. Acesso em: 23 out. 2023.

[130] BRASIL. Superior Tribunal de Justiça. *RE nº 904.813/PR*, julgado em 20 de outubro de 2011, Ministra Nancy Andrighi. Brasília, DF: Superior Tribunal de Justiça, 2011. Disponível em: https://ww2.stj.jus.br/websecstj/cgi/revista/REJ.exe/ITA?seq=1099244&tipo=0&nreg=20060 0381112&SeqCgrmaSessao=&CodOrgaoJgdr=&dt=20120228&formato=PDF&salvar=false. Acesso em: 2 fev. 2024.

de licitações públicas, bem como que, mesmo sem previsão no edital ou no contrato, seria possível firmar compromisso arbitral posterior, após o que seria o Tribunal arbitral o foro competente para solucionar as controvérsias previstas no compromisso arbitral.

Destaca-se que a possibilidade de incluir em contratos vigentes que não tiveram previsão inicial para a solução de controvérsias por meio da arbitragem passou a ser disciplinada pela Nova Lei de Licitações nos mesmos termos da jurisprudência construída no Superior Tribunal de Justiça, visto que o artigo 153[131] expressamente prevê que é possível celebrar termo aditivo, bilateral, para incluir em contrato caso tenha sido omissa a possibilidade de adoção da arbitragem como método alternativo de solução de controvérsia.

A Nova Lei de Licitações buscou inspiração na Lei do Regime Diferenciado de Contratações Públicas (RDC) para prever expressamente, no artigo 151, a possibilidade do uso da arbitragem para resolver as controvérsias surgidas nos contratos celebrados após a vigência da Lei nº 14.133, de 1º de abril de 2021.[132]

Destaca-se que tal dispositivo foi inserido na Lei do RDC em 2015, mas, apesar de superar o debate acerca da possibilidade de uso da arbitragem pela administração pública, não superou o debate acerca do que seriam os "direitos patrimoniais disponíveis" no contexto da indisponibilidade do interesse público.

Apesar da referida previsão na Lei do RDC, pesquisas em editais do Departamento Nacional de Infraestrutura de Transportes e da Empresa Brasileira de Infraestrutura Aeroportuária, entidades que foram protagonistas na utilização do RDC, não foi possível identificar nem mesmo um edital que tivesse tal previsão.

Importante salientar que a Nova Lei de Licitações não somente trouxe a previsão da possibilidade do uso da arbitragem como método alternativo de solução de controvérsias, mas também avançou

---

[131] Redação do art. 153: "Os contratos poderão ser aditados para permitir a adoção dos meios alternativos de resolução de controvérsias". BRASIL. *Lei nº 14.133, de 1º de abril de 2021*. Brasília, DF: Presidência da República, 2021. Disponível em: https://www.planalto.gov.br/ccivil_03/_ato2019-2022/2021/lei/l14133.htm. Acesso em: 21 jan. 2024.

[132] Redação do art. 151: "Nas contratações regidas por esta Lei, poderão ser utilizados meios alternativos de prevenção e resolução de controvérsias, notadamente a conciliação, a mediação, o comitê de resolução de disputas e a arbitragem". BRASIL. *Lei nº 14.133, de 1º de abril de 2021*. Brasília, DF: Presidência da República, 2021. Disponível em: https://www.planalto.gov.br/ccivil_03/_ato2019-2022/2021/lei/l14133.htm. Acesso em: 21 out. 2023.

em relação ao texto constante do artigo 44-A da Lei do RDC,[133] notadamente quanto à clarificação das hipóteses de uso da arbitragem, o que veremos em tópico próprio (2.3) a seguir.

Por outro lado, considerando que na hipótese da Lei do RDC já havia a possibilidade de uso e não foi percebido como uma oportunidade interessante pelos principais utilizadores e desbravadores do RDC, se faz necessário avaliar com mais profundidade a temática do interesse público acerca da utilização da arbitragem em editais que busquem a contratação de obras públicas com recursos federais, visto que a previsão legal já indicada não foi suficiente para que houvesse a efetiva utilização da arbitragem nas contratações públicas de obras federais legalmente autorizadas.

2.2 Interesse público como norteador do uso do instituto da arbitragem, mesmo diante da indisponibilidade e da supremacia do interesse público

Antes de adentrar aos conceitos e divergências afetos à indisponibilidade do interesse público e à supremacia do interesse público, notadamente como balizadores e norteadores da decisão de adotar ou não a arbitragem como mecanismo de solução de controvérsias na modelagem dos editais para a contratação de obras de engenharias a serem executadas com recursos federais, faz-se necessário promover uma breve reflexão sobre o que seria o interesse público, buscando tipificar e conceituar para adequado entendimento da abordagem pretendida.

O significado do termo "interesse público" foi sendo modificado ao longo do tempo, sendo preponderante, nas teorias

---

[133] Redação do art. 44-A: "Nos contratos regidos por esta Lei, poderá ser admitido o emprego dos mecanismos privados de resolução de disputas, inclusive a arbitragem, a ser realizada no Brasil e em língua portuguesa, nos termos da Lei nº 9.307, de 23 de setembro de 1996, e a mediação, para dirimir conflitos decorrentes da sua execução ou a ela relacionados". BRASIL. *Lei nº 14.462, de 4 de agosto de 2011*. Brasília, DF: Presidência da República, 2011. Disponível em: https://www.planalto.gov.br/ccivil_03/_ato2011-2014/2011/lei/l12462.htm. Acesso em: 23 out. 2023.

mais atuais, tratar de um conceito jurídico indeterminado e não é estanque ou estático, sendo mais bem definido com base em análise de acordo com o caso concreto.

Sobre a indisponibilidade do interesse público e um potencial conflito com a possibilidade de ser permitida a realização de arbitragens com a administração pública, delegando para o juízo arbitral a decisão de problemas afetos a contratos administrativos celebrados entre particular e a administração pública, tal interpretação conflituosa seria esperada diante da existência de um conceito jurídico indeterminado.

Conceitos jurídicos indeterminados são naturalmente imprecisos e ambíguos, e a realidade dos fatos nos casos concretos é que teria o condão de preencher as lacunas e parâmetros que complementariam o entendimento quando da implementação pelo aplicador das normas.[134]

O princípio da indisponibilidade do interesse público decorre do princípio da supremacia do interesse público. É dizer, o interesse da coletividade deve ser protegido quando houver divergência entre tais interesses e os interesses dos gestores, da administração e dos demais administrados.[135]

Para uma melhor compreensão sobre o significado do termo interesse público, necessário se faz realizar uma harmonização entre os diversos princípios e normas constitucionais, bem como com a disciplina infralegal, que contribuem para a melhor avaliação do seu conceito.

Surge, então, a visão de que está superada a dicotomia entre a supremacia do interesse público de forma absoluta, que sempre prevalece sobre o particular, e a Teoria Individualista, que busca proteger os direitos individuais em relação ao Estado, dando lugar à ideia de Interesse Público Constitucional (IPC).[136]

---

[134] GRAU, Eros Roberto. *Direito, conceitos e normas jurídicas*. São Paulo: Revista dos Tribunais, 1998. p. 72.
[135] CARVALHO, Luciano Oscar de. *Aplicabilidade da Arbitragem nos contratos entre a administração pública e as empresas de direito privado*. São Paulo: Dialética, 2022. p. 77.
[136] BARBOSA, Jandeson da Costa. *O interesse público constitucional*: numa formulação à luz de pressupostos teóricos, contextos e fatos no âmbito dos direitos fundamentais. Porto Alegre: Livraria do Advogado, 2021. p. 163.

Nesse sentido, há quem defenda[137] que essa noção relativizada de ponderação de interesses parece mais compatível com os ditames do Estado Constitucional de Direito, pois este se baseia na teoria dos direitos fundamentais, que possui como centro a dignidade da pessoa humana, motivo pelo qual se faz necessária a superação da antiga concepção de preponderância da supremacia do interesse público como regra absoluta, uma vez que os direitos fundamentais não podem ser desconsiderados pelo Estado.

Assim, exige-se uma atualização de toda a interpretação das normas, inclusive do Direito Administrativo, a partir da Carta Constitucional, de modo que seja feita uma releitura, incidindo e modificando a antiga noção de supremacia de interesse público, pelas razões explicitadas, o que afeta necessariamente o conteúdo do significado de Interesse Público e de outras expressões do campo jurídico.

Na verdade, está ocorrendo o que tem sido chamado de constitucionalização do direito, com expansão da força normativa da Constituição, que passa a validar as demais normas infraconstitucionais. Tal condição possui repercussão para os três Poderes e, também, para os particulares. No que se refere às consequências para a Administração Pública, o mais importante seria: limitações à discricionariedade, repercussão em deveres para a administração pública e concessão de elementos para a validação dos atos da administração.[138]

A concepção tradicional de indisponibilidade de interesse público levou muitas vezes a uma interpretação literal das normas, nem sempre trazendo para a Administração Pública a melhor interpretação capaz de salvaguardar o bem comum. Então, a interpretação ultraliteral, "legalismo estrito", tem provocado prejuízos significativos para a coletividade e para o real interesse público.[139]

---

[137] CRISTÓVAM, José Sérgio da Silva. *Para um conceito de interesse público no Estado Constitucional de Direito*. 2015. Disponível em: https://jus.com.br/artigos/42480/para-um-conceito-de-interesse-publico-no-estado-constitucional-de-direito. Acesso em: 2 fev. 2024.

[138] BARROSO, Luís Roberto. Neoconstitucionalismo e constitucionalização do Direito. *Revista Direito Administrativo*, Rio de Janeiro, v. 240, p. 1-42, abr./jun. 2005. Disponível em: https://periodicos.fgv.br/rda/article/view/43618/44695. Acesso em: 2 fev. 2024.

[139] BARBOSA, Jandeson da Costa. *O interesse público constitucional*: numa formulação à luz de pressupostos teóricos, contextos e fatos no âmbito dos direitos fundamentais. Porto Alegre: Livraria do Advogado, 2021. p. 166.

A antiga concepção de interesse público dava lugar, muitas vezes, a decisões com nítido caráter autoritário, atendendo apenas a determinados grupos políticos ou situações específicas, longe de atingir um efetivo bem coletivo, reclamando-se pela busca do interesse público constitucional.

Por outro lado, a disponibilidade de um direito patrimonial público pode ser de mais interesse da coletividade do que a sua preservação,[140] não se confundindo a indisponibilidade do interesse público com a possibilidade de dispor de direitos patrimoniais públicos, logicamente desde que tal disposição seja de interesse público.

Em nome da tradicional compreensão do que seria a indisponibilidade do interesse público, vinculando-se a um conceito estático e não ponderado nos casos concretos, a Administração Pública já praticou violações ao real interesse público constitucional, em prejuízos reais ao bem comum.[141]

Não haveria incompatibilidade entre transigir e perseguir o interesse público,[142] sendo possível haver ponderações, razoabilidade e pactuação, em busca de solução consensuada que melhor responda ao caso concreto.[143]

Ademais, "Qualquer prerrogativa pública pode ser objeto de pactuação, como a prerrogativa sancionatória, fiscalizatória adjudicatória, etc. Não há objeto interditado no compromisso. A LINDB

---

[140] "O interesse público é sempre indisponível pela administração pública, porque ele é de titularidade da coletividade, e não do poder público. A administração pública apenas o administra, protege e tem o dever de dar-lhe efetividade. Mas não pode dele dispor livremente porque não lhe pertence. Portanto, é correto afirmar que o interesse público é indisponível, mas isso não significa que todos os direitos patrimoniais, no âmbito do direito público, sejam indisponíveis. Por vezes, a disponibilidade de um patrimônio público pode ser de mais interesse da coletividade do que a sua preservação." DI PIETRO, Maria Sylvia Zanella. *As possibilidades de arbitragem em contratos administrativos*. [São Paulo]: Conjur, 2015. Disponível em: https://www.conjur.com.br/2015-set-24/interesse-publico-possibilidades-arbitragem-contratos-administrativos2/. Acesso em: 11 jan. 2024.

[141] BARBOSA, Jandeson da Costa. *O interesse público constitucional*: numa formulação à luz de pressupostos teóricos, contextos e fatos no âmbito dos direitos fundamentais. Porto Alegre: Livraria do Advogado, 2021. p. 166.

[142] DANTAS, Bruno. *Consensualismo na administração pública e regulação*: reflexões para um Direito Administrativo do século XXI. Belo Horizonte: Fórum, 2023. p. 61.

[143] DIDIER JR., Fredie. *Curso de direito processual civil*. 17. ed. Salvador: Juspodium, 2015. v. 1, p. 625.

sepultou qualquer ordem de discussão sobre a tal indisponibilidade do interesse público".[144]

A constitucionalização das normas proporciona uma força normativa e interpretativa de validação das normas, no âmbito do que os doutrinadores denominam de Estado Social e Democrático de Direito, inaugurados pela Constituição Federal de 1988, consubstanciando-se na forte exigência para que os Poderes Públicos se direcionem ao alcance de redução de desigualdades e de justiça social. O Estado é responsável pela implementação de ações e serviços públicos que satisfaçam o bem comum e o exercício dos direitos fundamentais.[145]

A implementação de diversas políticas públicas que se voltam a materializar direitos sociais se torna essencial para a concretização desse Estado, gerando dever de ação por parte do Poder Executivo na efetivação de ações, programas e projetos voltados a essa finalidade. Esses programas são complexos e precisam estar alinhados com base normativa, previsão orçamentária, processos bem definidos e todos os aspectos de arranjos institucionais para elencar os atores e suas responsabilidades.

A participação social é de extrema relevância para os processos de definição das prioridades estratégicas no Estado Social e a política pública deve ser considerada legítima na medida em que esteja lastreada na Constituição Federal, em normas internacionais e normas infralegais recepcionadas pela Carta Constitucional e direcionadas ao atendimento das necessidades sociais. O Ciclo das Políticas Públicas deve ser constituído pelas seguintes etapas: 1) Formulação – destaque para o planejamento das ações a serem realizadas; 2) Execução – a atuação do poder público deve ocorrer com o emprego de meios e recursos disponíveis para o alcance dos objetivos da política pública; 3) Avaliação – momento de verificar e mensurar se os objetivos foram atingidos; 4) Fiscalização e Controle

---

[144] GUERRA, Sérgio; PALMA, Juliana Bonacorsi de. Art. 26 da LINDB: novo regime jurídico de negociação com a Administração Pública. *Revista de Direito Administrativo*, Rio de Janeiro, edição especial, 2018, p. 135-169.

[145] DUARTE, Clarice Seixas. O ciclo das políticas públicas. *In*: SMANIO, Gianpaolo Poggio; BERTOLIN, Patrícia Tuma Martins (org.). *O Direito e as políticas públicas no Brasil*. São Paulo: Atlas, 2013. p. 16-43.

– desenvolvido pelos Tribunais de Contas, sociedade civil, Ministério Público, com papéis e esferas diferentes, todos relevantes para observar o cumprimento das obrigações previstas e os termos em que foram enunciados.[146]

Não restam dúvidas de que a tomada de decisão por parte da Administração Pública terá repercussão sobre os diversos segmentos da sociedade. Como previsto em nossa Carta Constitucional, importa assegurar os meios de participação social de modo a conferir legitimidade para as políticas públicas, inclusive na eleição de prioridades a partir de diversos mecanismos de cidadania.

A implementação de Políticas Públicas pode ser feita diretamente pela Administração Pública ou mesmo ser realizada de modo indireto, com vistas a atender as necessidades coletivas e o bem-estar da coletividade, por meio de concessão, permissão, ou autorização, em todas as hipóteses respeitando os princípios constitucionais de legalidade, impessoalidade, moralidade, publicidade e eficiência.

Independentemente da forma de prestação, o objetivo principal dos serviços públicos é garantir o interesse público e a qualidade de vida da população. Assim, é essencial compreender o sentido dinâmico empregado para essa noção em que se prestigia o atingimento dos direitos fundamentais.[147]

Por outro lado, os serviços públicos precisam de planejamento, regulação e não raras vezes necessitam de infraestrutura para viabilizar a base para a prestação do serviço a ser disponibilizado. A implantação de infraestrutura deve ser precedida de rigorosa avaliação sobre a sua real necessidade, pertinência e as alternativas para atendimento do objetivo pretendido, sendo elementos essenciais na formulação dos programas e ações.

A implantação de obras de infraestrutura precisa estar casada com adequado e racional planejamento, atualizando e detalhando projetos. De igual modo, precisam ser robustecidas e antecedidas

---

[146] DUARTE, Clarice Seixas. O ciclo das políticas públicas. *In*: SMANIO, Gianpaolo Poggio; BERTOLIN, Patrícia Tuma Martins (org.). *O Direito e as políticas públicas no Brasil*. São Paulo: Atlas, 2013. p. 16-43.

[147] BARBOSA, Jandeson da Costa. *O interesse público constitucional*: numa formulação à luz de pressupostos teóricos, contextos e fatos no âmbito dos direitos fundamentais. Porto Alegre: Livraria do Advogado, 2021. p. 167.

por arranjos institucionais, em que seja assegurado o conhecimento da implantação dela pelo titular do serviço, bem como para o prestador do serviço.

Embora pareça clara a ideia de que quanto mais recursos investidos na infraestrutura melhor para solucionar os déficits de acesso aos serviços públicos, nem sempre se pode afirmar que os investimentos e recursos gastos com essa finalidade vão repercutir em serviços efetivamente prestados. Afinal, como já apresentado na presente pesquisa, a realidade do país é de muitas obras de infraestrutura paralisadas, por diversas razões aqui detalhadas, sendo evidenciada a complexidade da matéria.

Não restam dúvidas de que a paralisação de obras públicas, sejam elas destinadas à prestação direta ou indireta de serviços públicos, impacta de forma significativa o atendimento da sua finalidade anteriormente pretendida. Deixa ainda de assegurar direitos e gera novas demandas para investimentos e gastos públicos para a sua conclusão, uma vez que obras paralisadas terminam deteriorando e incorrendo na necessidade de custos extras da Administração Pública, superior ao quanto inicialmente pensados no planejamento.

De uma forma mais geral, pode-se dizer que as obras públicas paralisadas, grosso modo, deveriam ter a sua conclusão para atender ao seu propósito. E, quanto mais tempo levam sem a conclusão, maiores o custo e as dificuldades para a sua finalização.

Por essa razão, a importante atuação do Sistema de Justiça precisa ampliar-se às possibilidades de soluções de controvérsias que vêm sendo elaboradas e praticadas no país de modo a alcançar os resultados pretendidos no menor tempo, pois esse aspecto possui relevância, sendo a arbitragem, conforme discussão apresentada no presente, importante alternativa.

Importante mencionar que Canotilho[148] defende que a forma tradicional de decisão por juiz é incapaz de assegurar a paz jurídica e garantir tempestividade das decisões.

---

[148] "A forma tradicional de solução dos litígios através dos tribunais e mediante decisão de um juiz imparcial é considerada hoje como incapaz de assegurar, só por si, a paz jurídica e de garantir em tempo razoável alguns direitos e interesses das pessoas." CANOTILHO, José Joaquim Gomes. *Direito constitucional e teoria da constituição*. 7. ed. Coimbra: Almedina, 2003. p. 672.

Ou seja, há claro indicativo de frustração de expectativa da prestação do serviço jurisdicional para garantir o atendimento ao interesse público.

A Carta Magna de 1988 traz enunciados para a condução de uma paz social, sendo a pacificação um princípio. Essa construção não será estática, requerendo a implementação de direitos fundamentais e a harmonização entre segmentos da sociedade.

Mais recentemente, o legislador tem dado melhores contornos ao tema interesse público, como fez com o sistema de nulidades trazido pela Nova Lei de Licitações, deixando clara a preocupação de não paralisar inadequadamente contratos, mesmo que com algum tipo de irregularidade, quando for possível o saneamento da irregularidade, ou mesmo quando não for possível o saneamento, mas havendo interesse público, evitando impactos econômicos e sociais, sem prejuízo da apuração de responsabilidade, aplicação de penalidade ou mesmo indenizações.[149]

Resta oportuno aprofundar nos caminhos previstos para ampliar as condições de atingimento desse objetivo maior relacionado à solução de conflitos e suas diversas possibilidades, optando-se por aprofundar as potencialidades da arbitragem.

---

[149] Redação do art. 147: "Constatada irregularidade no procedimento licitatório ou na execução contratual, caso não seja possível o saneamento, a decisão sobre a suspensão da execução ou sobre a declaração de nulidade do contrato somente será adotada na hipótese em que se revelar medida de interesse público, com avaliação, entre outros, dos seguintes aspectos: I – impactos econômicos e financeiros decorrentes do atraso na fruição dos benefícios do objeto do contrato; II – riscos sociais, ambientais e à segurança da população local decorrentes do atraso na fruição dos benefícios do objeto do contrato; III – motivação social e ambiental do contrato; IV – custo da deterioração ou da perda das parcelas executadas; V – despesa necessária à preservação das instalações e dos serviços já executados; VI – despesa inerente à desmobilização e ao posterior retorno às atividades; VII – medidas efetivamente adotadas pelo titular do órgão ou entidade para o saneamento dos indícios de irregularidades apontados; VIII – custo total e estágio de execução física e financeira dos contratos, dos convênios, das obras ou das parcelas envolvidas; IX – fechamento de postos de trabalho diretos e indiretos em razão da paralisação; X – custo para realização de nova licitação ou celebração de novo contrato; XI – custo de oportunidade do capital durante o período de paralisação. Parágrafo único. Caso a paralisação ou anulação não se revele medida de interesse público, o poder público deverá optar pela continuidade do contrato e pela solução da irregularidade por meio de indenização por perdas e danos, sem prejuízo da apuração de responsabilidade e da aplicação de penalidades cabíveis". BRASIL. *Lei nº 14.133, de 1º de abril de 2021*. Brasília, DF: Presidência da República, 2021. Disponível em: https://www.planalto.gov.br/ccivil_03/_ato2019-2022/2021/lei/l14133.htm. Acesso em: 21 out. 2023.

2.3 Arbitragem e direitos patrimoniais disponíveis

A legislação sobre arbitragem evoluiu com base na construção jurisprudencial. Em primeiro momento, a Lei de Arbitragem, legislação específica sobre o tema, indicava que "as pessoas capazes de contratar"[150] poderiam adotar o instituto da arbitragem como método para solução de controvérsias.

Considerando o entendimento jurisprudencial construído ao longo do tempo, especialmente pelo Tribunal de Contas da União, acerca de impossibilidade de uso da arbitragem pela administração pública diante da ausência de previsão legal expressa, o que colidiria com o princípio da legalidade, houve mudança da Lei de Arbitragem para promover a inclusão de previsão normativa expressa sobre a possibilidade de adoção do instituto no âmbito da administração pública, notadamente nos casos relativos a direitos patrimoniais disponíveis.[151]

Ocorre que, mesmo após tais inovações legislativas, nova discussão passou a ser travada acerca do que exatamente seriam os "direitos patrimoniais disponíveis" no contexto da indisponibilidade do interesse público, tratado no tópico precedente.

Por outro lado, o interesse público não pode ser confundido com o interesse da administração pública[152] e pode envolver direitos disponíveis, motivo pelo qual não faria sentido vedar a utilização da arbitragem no âmbito da administração pública sob a alegação de que não haveria disponibilidade de direitos patrimoniais em função da indisponibilidade do direito público, conforme veremos.

---

[150] Redação do Art. 1º: "As pessoas capazes de contratar poderão valer-se da arbitragem para dirimir litígios relativos a direitos patrimoniais disponíveis". BRASIL. *Lei nº 9.307, de 23 de setembro de 1996*. Brasília, DF: Presidência da República, 1996. Disponível em: https://www.planalto.gov.br/ccivil_03/leis/l9307.htm. Acesso em: 21 out. 2023.

[151] Redação do §1º: "A administração pública direta e indireta poderá utilizar-se da arbitragem para dirimir conflitos relativos a direitos patrimoniais disponíveis". BRASIL. *Lei nº 9.307, de 23 de setembro de 1996*. Brasília, DF: Presidência da República, 1996. Disponível em: https://www.planalto.gov.br/ccivil_03/leis/l9307.htm. Acesso em: 21 out. 2023.

[152] "Assim, pode dizer-se que as questões referentes à interpretação dos contratos na fase de execução, bem como após em sede de rescisão, são matérias de ressonância patrimonial e sujeitas a arbitragem. Não há falar, reitere-se, em indisponibilidade, pois são interesses da Administração, e não interesses primários, como sobejamente arguido nos capítulos pregressos dessa tese". LEMES, Selma Ferreira. *Arbitragem na administração pública*: fundamentos jurídicos e eficiência econômica. São Paulo: Quartier Latin, 2007. p. 145.

O direito é considerado disponível quando é possível livremente escolher se ele será ou não será exercido pelo seu titular, quando não há uma norma que imponha o exercício desse direito.[153]

Após conceituar a disponibilidade do direito, passamos a definir a concepção da dimensão patrimonialidade.

O direito é patrimonial quando é possível valorá-lo economicamente, tanto no direito privado quanto no direito público.[154]

Diante de tal novo impasse, mais uma vez o legislador buscou endereçar a controvérsia, visto que em legislações seguintes passou a indicar incisos exemplificativos dos tais direitos patrimoniais disponíveis, como fez quando da aprovação da Lei nº 13.448, de 5 de junho de 2017, que rege prorrogação e relicitação de contratos de parceria nos setores rodoviário, ferroviário e aeroportuário que passou a prever expressamente a adoção da arbitragem para dirimir futuras controvérsias relativas às questões relacionadas à recomposição do equilíbrio econômico-financeiro dos contratos, ao cálculo de indenizações decorrentes de extinção ou de transferência do contrato de concessão e ao inadimplemento de obrigações contratuais por qualquer das partes, nos termos do artigo 31, §4º.[155]

O entendimento de que haveria direito patrimonial disponível mesmo no âmbito da administração pública já vinha sendo construído nos Tribunais Superiores, a exemplo do Superior Tribunal de Justiça.

---

[153] CARMONA, Carlos Alberto. *Arbitragem e processo*. 4. ed. revista, atualizada e ampliada. Rio de Janeiro: Atlas, 2023. p. 41.

[154] "(...) são patrimonialismo os direitos passíveis de valoração pecuniária, ou seja, aqueles que podem ser avaliados em dinheiro e que, por conseguinte, possui interesse econômico. Tanto em direito privado quanto em direito público a patrimonialidade possui a mesma acepção." MAROLLA, Eugênia Cristina Cleto. *A Arbitragem e os contratos da Administração Pública*. Rio de Janeiro: Lumen Juris, 2016. p. 87.

[155] Redação do §4º, art. 31: "As controvérsias surgidas em decorrência dos contratos nos setores de que trata esta Lei após decisão definitiva da autoridade competente, no que se refere aos direitos patrimoniais disponíveis, podem ser submetidas a arbitragem ou a outros mecanismos alternativos de solução de controvérsias. (...) §4º Consideram-se controvérsias sobre direitos patrimoniais disponíveis, para fins desta Lei: I – as questões relacionadas à recomposição do equilíbrio econômico-financeiro dos contratos; II – o cálculo de indenizações decorrentes de extinção ou de transferência do contrato de concessão; e III – o inadimplemento de obrigações contratuais por qualquer das partes". BRASIL. *Lei nº 13.448, de 5 de junho de 2017*. Brasília, DF: Presidência da República, 2017. Disponível em: http://www.planalto.gov.br/ccivil_03/_ato2015-2018/2017/lei/l13448.htm. Acesso em: 23 out. 2023.

No STJ, a jurisprudência se dá na linha de que existem direitos patrimoniais disponíveis, a exemplo da afirmação ocorrida quando do julgamento do RE 1251647/PR,[156] que indicou expressamente que controvérsias relativas a reequilíbrio econômico financeiro possui eminentemente caráter de direito patrimonial disponível, oportunidade na qual entendeu que, considerando a existência de ato pretérito voluntário de submissão de controvérsias ao juízo arbitral, não haveria espaço para revisitação do tema sob a alegação de que tais direitos seriam indisponíveis.

É dizer, o STJ vem endereçando a manutenção do juízo arbitral nos casos em que houve celebração de contrato com cláusula compromissória, voluntariamente pactuada entre as partes. Em relação ao tema reequilíbrio econômico-financeiro ser um exemplo de direito patrimonial disponível, a própria lei que rege prorrogações antecipadas, já citadas, trouxe rol exemplificativo com a previsão expressa de algumas possibilidades de uso da arbitragem, clarificando e diminuindo litígios sobre a definição exata dos limites da adoção do instituto.

A Nova Lei de Licitações, de 2021, tratou de também indicar o mesmo rol exemplificativo, uma vez que talvez "apenas" prever a possibilidade do uso da arbitragem, de modo genérico, em contratos por ela regidos, não provocaria o resultado almejado.

Assim, o parágrafo único do artigo 151 indicou expressamente e exemplificativamente que as controvérsias relacionadas a direitos patrimoniais disponíveis, "como as questões relacionadas ao restabelecimento do equilíbrio econômico-financeiro do contrato, ao inadimplemento de obrigações contratuais por quaisquer das partes e ao cálculo de indenizações", poderão ser tratadas e dirimidas por

---

[156] BRASIL. Superior Tribunal de Justiça. *RE 1251647/PR*, julgado em 17 de fevereiro de 2014, Ministro Relator Benedito Gonçalves. Brasília, DF: Superior Tribunal de Justiça, 2014. Disponível em: https://www.stj.jus.br/websecstj/cgi/revista/REJ.cgi/MON?seq=33838101&tipo=0&nre. Acesso em: 2 fev. 2024. "9. A controvérsia estabelecida entre as partes – manutenção do equilíbrio econômico-financeiro do contrato – é de caráter eminentemente patrimonial e disponível, tanto assim que as partes poderiam tê-la solucionado diretamente, sem intervenção tanto da jurisdição estatal como do juízo arbitral. 10. A submissão da controvérsia ao juízo arbitral foi um ato voluntário da concessionária. Nesse contexto, sua atitude posterior, visando à impugnação desse ato, beira às raias da má-fé, além de ser prejudicial ao próprio interesse público de ver resolvido o litígio de maneira mais célere. 11. Firmado o compromisso, é o Tribunal arbitral que deve solucionar a controvérsia."

meio dos métodos alternativos de solução de controvérsias previstos no *caput* do artigo 151.[157]

Entendendo haver direitos patrimoniais disponíveis, conforme exposto, serão tratados dos aspectos do mesmo instituto que possuem relação com a arbitrabilidade das causas das paralisações de obras públicas executadas com recursos federais, buscando avaliar se seria possível a aplicação da arbitragem diante do marco normativo e jurisprudencial vigente para a finalidade do objeto do presente estudo, que seria não somente verificar a legalidade, mas também se seria de interesse público, considerando os potenciais benefícios oriundos da sua adoção.

2.4 Arbitrabilidade das causas das paralisações da execução de contratos de obras públicas federais

Após discorrer sobre o contexto da execução e paralisação da execução de contratos de obras públicas, indicando as principais causas das paralisações, bem como após evidenciar a possibilidade do uso da arbitragem para solucionar determinados tipos de controvérsias surgidas quando da execução de contratos públicos para a execução de obras federais, resta avaliar se o permissivo legal da Nova Lei de Licitações contemplaria a possibilidade de utilizar a arbitragem para superar as principais causas de paralisação de obras. É dizer, passa-se a avaliar a arbitrabilidade das principais causas de paralisação de obras públicas executadas com recursos federais.

A arbitrabilidade de um litígio deve ser analisada levando em consideração duas dimensões: subjetiva e objetiva. Enquanto a dimensão subjetiva se relaciona com o "quem" poderia estar submetido à arbitragem, a dimensão objetiva dá luz à possibilidade, ou não, de determinado litígio ser resolvido pela via arbitral.

---

[157] Redação do Parágrafo único do art. 151 "Parágrafo único. Será aplicado o disposto no *caput* deste artigo às controvérsias relacionadas a direitos patrimoniais disponíveis, como as questões relacionadas ao restabelecimento do equilíbrio econômico-financeiro do contrato, ao inadimplemento de obrigações contratuais por quaisquer das partes e ao cálculo de indenizações". BRASIL. *Lei nº 14.133, de 1º de abril de 2021*. Brasília, DF: Presidência da República, 2021. Disponível em: https://www.planalto.gov.br/ccivil_03/_ato2019-2022/2021/lei/l14133.htm. Acesso em: 21 out. 2023.

Dito de outra forma, a arbitrabilidade significa a possibilidade de um litígio ser submetido voluntariamente à arbitragem. Enquanto a dimensão subjetiva (*ratione personae*) se refere às pessoas que podem se submeter à arbitragem, a dimensão objetiva (*ratione materiae*) diz respeito às questões que podem ser decididas pelo juízo arbitral.[158]

Em relação à arbitrabilidade subjetiva, que é relativa ao aspecto da capacidade do ator para poder se submeter à arbitragem, a lei de arbitragem dispôs que "as pessoas capazes de contratar poderão valer-se da arbitragem".[159]

Ainda sobre a arbitrabilidade subjetiva, o Tribunal de Contas da União, em 2006, entendia pela impossibilidade de utilização da arbitragem em contratos administrativos, considerando que seria essencial haver autorização legal específica.[160] Ou seja, o entendimento era no sentido de que não haveria arbitrabilidade subjetiva, impedindo que a administração pública adotasse previsão em editais no sentido do uso do instituto da arbitragem para dirimir controvérsias surgidas entre particulares e a administração pública.

Como já visto,[161] somente após a inclusão do §1º, art. 1º, da Lei de Arbitragem, prevendo expressamente a possibilidade de uso da

---

[158] "A arbitrabilidade, em sentido simples, pode ser definida como a possibilidade de sujeição de determinadas pessoas e determinados conflitos à arbitragem. O seu estudo pode ser divisado sob o aspecto subjetivo e objetivo. Na arbitrabilidade subjetiva, investiga-se quem pode se submeter ao juízo arbitral (sujeito). Por outro lado, na arbitrabilidade objetiva, atenta-se para o plexo de conflitos que podem ser resolvidos por meio do instituto, vale dizer, tem-se em foco a matéria escopo da controvérsia (objeto)". PARADA, André Luis Nascimento. *Arbitragem nos contratos administrativos*: análise crítica dos obstáculos jurídicos suscitados para afastar a sua utilização. Curitiba: Juruá, 2015, p. 51.

[159] Redação do Art. 1º "As pessoas capazes de contratar poderão valer-se da arbitragem para dirimir litígios relativos a direitos patrimoniais disponíveis". BRASIL. *Lei nº 9.307, de 23 de setembro de 1996*. Brasília, DF: Presidência da República, 1996. Disponível em: https://www.planalto.gov.br/ccivil_03/leis/l9307.htm. Acesso em 21 out. 2023.

[160] BRASIL. Tribunal de Contas da União. *Acórdão nº 1.099/2006*. Relator: Vital do Rêgo, Plenário, julgado em 25/11/202. Brasília, DF: Tribunal de Contas da União, 2006. Disponível em: https://pesquisa.apps.tcu.gov.br/documento/acordao-completo/*/NUMACORDAO%253A1099%2520ANOACORDAO%253A2006%2520/DTRELEVANCIA%2520asc%252C%2520NUMACORDAOINT%2520asc/2. Acesso em: 2 fev. 2024. "FISCOBRAS. LEVANTAMENTO DE AUDITORIA. INCLUSÃO DE CLÁUSULA DE ARBITRAGEM. DETERMINAÇÃO. INFORMAÇÃO À COMISSÃO MISTA DE PLANOS, ORÇAMENTOS PÚBLICOS E FISCALIZAÇÃO DO CONGRESSO NACIONAL. É ilegal, com afronta a princípios de direito público, a previsão, em contrato administrativo, da adoção de juízo arbitral para a solução de conflitos."

[161] Tópico 2.1 do presente trabalho.

arbitragem pela administração pública, o TCU passou a entender ser possível a adopção do instituto pela administração pública, superando a discussão sobre a arbitrabilidade subjetiva.

Em outra esteira, conforme igualmente já visto,[162] o STJ, antes mesmo de a previsão expressa sobre a possibilidade de uso da arbitragem ter sido incluída na lei, já entendia ser possível à administração pública valer-se da arbitragem.

Considerando que restou superada a questão relativa à arbitrabilidade subjetiva, já que com o advento da Lei nº 13.129/2015 passou a haver dispositivo prevendo expressamente a possibilidade de a administração pública ter controvérsias surgidas em seus contratos administrativos resolvidas via arbitragem, resta analisar se as principais causas de paralisação de obras públicas executadas com recursos federais, indicadas em tópico próprio[163] do presente trabalho, teriam arbitrabilidade objetiva, ou seja, se tais causas estariam dentre os litígios passíveis de serem contemplados no âmbito de arbitragens.

Como já vimos, a Nova Lei de Licitações não somente indicou a possibilidade do uso da arbitragem pela administração pública para a solução de controvérsias, como também elencou quais tipos de litígios poderiam ser tratados pela via arbitral no parágrafo único do referido artigo, notadamente o rol exemplificativo das questões relacionadas ao restabelecimento do equilíbrio econômico-financeiro do contrato, do inadimplemento de obrigações contratuais por quaisquer das partes e do cálculo de indenizações, como sendo questões afetas aos direitos patrimoniais disponíveis.

Dentre as principais causas da paralisação de obras, que, segundo o Acórdão nº 1.079/2019-Plenário[164] representam 80% dos

---

[162] Redação do Art. 1º: "As pessoas capazes de contratar poderão valer-se da arbitragem para dirimir litígios relativos a direitos patrimoniais disponíveis". BRASIL. *Lei nº 9.307, de 23 de setembro de 1996*. Brasília, DF: Presidência da República, 1996. Disponível em: https://www.planalto.gov.br/ccivil_03/leis/l9307.htm. Acesso em: 21 out. 2023.

[163] Redação do Art. 1º: "As pessoas capazes de contratar poderão valer-se da arbitragem para dirimir litígios relativos a direitos patrimoniais disponíveis". BRASIL. *Lei nº 9.307, de 23 de setembro de 1996*. Brasília, DF: Presidência da República, 1996. Disponível em: https://www.planalto.gov.br/ccivil_03/leis/l9307.htm. Acesso em: 21 out. 2023.

[164] BRASIL. Tribunal de Contas da União. *Acórdão 1.079/2019*. Relator: Vital do Rego, Plenário, julgado em 15/05/2019. Brasília, DF: Tribunal de Contas da União, 2019. Disponível em: https://pesquisa.apps.tcu.gov.br/documento/acordao-completo/*/NUMACORDAO%253A1079%2520ANOACORDAO%253A2019%2520/DTRELEVANCIA%2520desc%252C%2520NUMACORDAOINT%2520desc/0. Acesso em: 22 out. 2023.

contratos paralisados no âmbito do Programa de Aceleração do Crescimento, destacam-se Problemas Técnicos (47%), Abandono da Empresa (23%) e Problema Orçamentário/Financeiro (10%).

Destaca-se que não foram verificadas as causas raízes das causas "abandono da empresa" e "outros", o que impede maior aprofundamento sobre a questão, ressaltando que as causas reais do abandono certamente contemplarão, em parte dos casos, causas técnicas, financeiras e orçamentárias, além de outras, como falência da empresa contratada por motivos alheios à execução contratual, por exemplo.

Em junho de 2021, foi realizada audiência pública na comissão externa da Câmara dos Deputados que acompanha obras públicas inacabadas no País, oportunidade na qual o secretário de saneamento do Ministério do Desenvolvimento Regional, Pedro Ronaldo Maranhão Braga Borges, afirmou que a principal causa das obras paradas está em projetos mal elaborados[165] (Agência Câmara de Notícias). Tal afirmação reforça os resultados dos trabalhos do Tribunal de Contas da União e da Controladoria-Geral da União anteriormente citados.

Dessa forma, resta avaliar se os problemas técnicos, especialmente a deficiência dos projetos, bem como se os problemas financeiros e orçamentários poderiam ser dirimidos pela via arbitral, ou seja, avaliar a arbitrabilidade objetiva.

A arbitrabilidade objetiva avalia se o objeto pretendido para ter controvérsia resolvida por meio de arbitragem trata de matéria que pode ser submetida à arbitragem. Como já foi visto em item próprio, o interesse público não é obstáculo intransponível para a disponibilidade de direitos patrimoniais,[166] a disponibilidade do

---

[165] BRASIL. Câmara dos Deputados. Principal motivo de paralisação de obras está em projetos mal elaborados, diz governo. 18 jun. 2021. *Agência Câmara de Notícias*, [Brasília, DF], 2021. Disponível em: https://www.camara.leg.br/noticias/774751-principal-motivo-de-paralisacao-de-obras-esta-em-projetos-mal-elaborados-diz-governo/. Acesso em: 2 fev. 2024.

[166] "(...) a pertinência da arbitragem sob o ponto de vista legal (...) também tem projeção no objeto, vale dizer, na matéria a ser submetida à arbitragem. Podem ser solucionadas por arbitragem as questões que versem sobre direitos patrimoniais disponíveis, expressa a Lei de Arbitragem, art. 1º, *in fini*. Na seara administrativa, a questão tem nuances e contornos especiais, pois, de início, impõem-se verificar a abrangência dos direitos patrimoniais disponíveis *vis-à-vis* o interesse público que permeia toda a atividade da Administração." LEMES, Selma Ferreira. *Arbitragem na administração pública*: fundamentos jurídicos e eficiência econômica. São Paulo: Quartier Latin, 2007. p. 123-124.

direito está relacionada com a possibilidade de negociação de bens suscetíveis de valoração e livres no mercado, que muitas vezes podem contribuir com a satisfação do interesse público justamente sendo disponibilizados.

Conforme visto em tópico próprio,[167] a jurisprudência do Tribunal de Contas da União oscilou entre a impossibilidade do uso da arbitragem em contratos públicos por infringência ao princípio da indisponibilidade do interesse público e a possibilidade de uso de arbitragem nos contratos administrativos, quando o controvertido direito patrimonial disponível, após a inclusão expressa na lei de arbitragem indicando a possibilidade de uso do instituto pela administração pública.

Considerando que as principais causas de paralisações de obras são deficiência dos projetos e problemas financeiros e orçamentários, bem como o achado de sobrepreço foi o mais identificado pelo TCU ao longo dos anos, como nos exemplos apresentados (2.4), faz-se necessário passar, então, à verificação de eventual enquadramento de tais tipos de controvérsias dentro dos direitos patrimoniais disponíveis.

Tal verificação ocorrerá tanto em relação ao rol exemplificativo trazido pela Nova Lei de Licitações quanto pelo conceito geral de direitos patrimoniais disponíveis, tratado no tópico 2.3.

No que tange às paralisações decorrentes de problemas técnicos, majoritariamente associadas a questões de deficiência dos projetos, conforme estudos citados, insta destacar que, apesar de ser possível promover solução técnica de engenharia para os problemas, rotineiramente tais soluções oneram os contratos e se inserem tanto na seara de manutenção do equilíbrio econômico-financeiro dos contratos como na controvérsia acerca de quem seria a responsabilidade, nos termos do contrato, para arcar com os custos adicionais decorrentes da solução dos problemas da deficiência dos projetos, se seriam risco do particular que ofertou a proposta em uma licitação ou se deveria ser de responsabilidade do órgão

---

[167] Redação do Art. 1º: "As pessoas capazes de contratar poderão valer-se da arbitragem para dirimir litígios relativos a direitos patrimoniais disponíveis". BRASIL. *Lei nº 9.307, de 23 de setembro de 1996*. Brasília, DF: Presidência da República, 1996. Disponível em: https://www.planalto.gov.br/ccivil_03/leis/l9307.htm. Acesso em: 21 out. 2023.

contratante que ofereceu o projeto deficiente para que particulares realizassem as suas propostas.

Sem querer adentrar nas possíveis matrizes de risco dos contratos, certamente tais controvérsias estariam contempladas na previsão legislativa para tratamento pela via arbitral, uma vez que poderiam ser consideradas como inadimplemento de obrigações contratuais, bem como tratam de itens notadamente sujeitos a valoração, sendo enquadrados como direitos patrimoniais disponíveis e tendo presente a arbitrabilidade objetiva, ressaltando que a demora na solução do problema pode gerar desequilíbrio econômico-financeiro do contrato, que também seria um outro possível objeto de controvérsia a ser dirimida igualmente pela via arbitral.

Em relação à potencial omissão ou delonga do poder público para solucionar os problemas técnicos eventualmente surgidos, de igual modo seria possível demandar solução pela via arbitral, obrigando a adoção tempestiva da solução, sendo possível inclusive a adoção de medida cautelar ou tutela de urgência.

Por fim, também as questões financeiras, orçamentárias e sobrepreço estariam contempladas na previsão expressa da Nova Lei de Licitações, já que a falta de recursos financeiros e/ou orçamentários se enquadraria em descumprimento de obrigações contratuais, com potencial de causar desequilíbrio econômico-financeiro dos contratos, o que passou a estar expressamente previsto no parágrafo único do artigo 151 da Lei nº 14.133/2021.

Assim, após analisar os estudos mais recentes que tratam do tema obras paralisadas que recebem recursos federais, percorrendo as causas das paralisações e identificando as principais, apontadas não somente nos estudos do TCU e da CGU, como também confirmadas com estudo da CBIC e manifestação de gestores públicos contratantes de obras públicas, verifica-se que, apesar da complexidade para construir soluções, os motivos do insucesso são em grande medida bem conhecidos pela comunidade técnica que lida com o tema.

As principais causas das paralisações seriam a ocorrência de problemas técnicos, especialmente os decorrentes de deficiência nos projetos que deram suporte à contratação, bem como problemas relacionados à disponibilidade de recursos financeiros e/ou orçamentários.

Após grandes embates judiciais e doutrinários, alterações legislativas pacificaram a possibilidade do uso da arbitragem pela administração pública para solucionar controvérsias relacionadas a direitos patrimoniais disponíveis. Dando mais um passo para superar os embates jurídicos e doutrinários, a Nova Lei de Licitações passou não só a prever expressamente a possibilidade de uso da arbitragem no seu artigo 151, mas também exemplificou situações que se enquadrariam como direitos patrimoniais disponíveis no parágrafo único, quais sejam as "controvérsias relacionadas a direitos patrimoniais disponíveis, como as questões relacionadas ao restabelecimento do equilíbrio econômico-financeiro do contrato, ao inadimplemento de obrigações contratuais por quaisquer das partes e ao cálculo de indenizações".[168]

Ante a identificação das principais causas da paralisação de obras executadas com recursos federais, quais sejam problemas técnicos, especialmente relativos à deficiência dos projetos, bem como após a verificação da base legar para a utilização da arbitragem pela administração pública, o presente trabalho analisou a arbitrabilidade das principais causas da paralisação de obras públicas executadas com recursos federais e constatou que os avanços legislativos clarificaram a questão e confirmam que as principais controvérsias relacionadas a obras públicas executadas com recursos federais poderiam ser contempladas com soluções pela via arbitral, por se tratarem de direitos patrimoniais disponíveis e estarem predominantemente contempladas nos tipos exemplificativos elencados pela Nova Lei de Licitações, o que, diante das reflexões apresentadas no presente trabalho, se demonstra possível.

---

[168] BRASIL. *Lei nº 14.133, de 1º de abril de 2021*. Brasília, DF: Presidência da República, 2021. Disponível em: https://www.planalto.gov.br/ccivil_03/_ato2019-2022/2021/lei/l14133.htm. Acesso em 21 out. 2023.

CAPÍTULO 3

A ADOÇÃO DA ARBITRAGEM EM CONTRATOS CELEBRADOS PARA A EXECUÇÃO DE OBRAS PÚBLICAS FEDERAIS

Os capítulos anteriores buscaram apresentar o panorama da execução (ou não execução em virtude de paralisação) das obras públicas contratadas com recursos federais, indicando as principais causas das paralisações, bem como evidenciar a possibilidade legal da adoção do mecanismo alternativo de solução de controvérsias da arbitragem em contratos administrativos celebrados pela administração pública de modo mais amplo, mas também notadamente na área de obras públicas, e, ainda, estudar se tais causas das paralisações das obras públicas poderiam ser objeto de tratamento por meio do método de solução alternativo de controvérsias da arbitragem.

Objetivando verificar se, além de ser possível legalmente, a adoção da arbitragem na área de obras públicas executadas com recursos federias seria desejável, como mais do que um método alternativo de solução de controvérsias, mas sim como um método adequado para solucionar controvérsias surgidas quando da execução de contratos celebrados para a execução de obras públicas federais, o presente capítulo discorrerá sobre a experiência atual da adoção da arbitragem no Brasil, trazendo mais informações sobre a utilização do instituto em contratos de concessão que buscam investir em infraestrutura por meio de parceria entre o setor público e o setor privado.

Depois de perpassar por dados mais gerais e amplos das arbitragens no país e específicos e exemplificativos da área de concessões, como inspiração para o outro ramo de provimento de infraestrutura por meio da contratação de obras públicas, serão aprofundados os potenciais benefícios do uso da arbitragem na área de obras públicas federais, bem como os principais desafios a serem enfrentados pelos gestores da administração pública que vierem a buscar implementar o instituto que não é novo, mas pode ser considerado uma das inovações da Nova Lei de Licitações, nº 14.133/2021.

Sobre a diferença entre considerar um método alternativo ou adequado, destaca-se que tal diferença não é meramente semântica. Caso o método seja considerado apenas alternativo, a interpretação indicaria que poderia ou não ser usado, a critério do gestor, em detrimento da busca tradicional pelo Judiciário – logicamente desde que com amparo legal, debate que estaria superado diante de tudo que já foi exposto ao longo do capítulo anterior.

Por outro lado, caso o método seja considerado, além de alternativo, adequado[169] para resolver determinadas controvérsias, com características específicas, surgidas na execução de contratos de obras públicas com recursos federais, haveria menor parcela de liberalidade do gestor público para a escolha entre adotar ou não adotar o instituto.

Certamente a possibilidade de não adotar continuaria presente, já que a própria lei trata como possibilidade, mas a possibilidade não significa que o gestor estaria desobrigado de avaliar em quais casos, de acordo com a área de atuação dele, seria interessante passar a usar buscando melhor atender ao interesse público.

Por conseguinte, caso a conclusão da análise do gestor seja no sentido de que o uso seria de interesse público, não restaria alternativa ao gestor senão planejar a mudança do estado de não utilização da arbitragem, para passar ao uso do instituto de modo gradual e planejado, quando fizer sentido a adoção, em nome do interesse público, podendo ter uso mais discreto no início

---

[169] "Por essa razão, estamos ao lado dos autores que aludem aos meios de resolução de conflitos qualificando-os como adequados, pois o adjetivo enfatiza a principal função destes meios, que é corresponder, cada um deles, perfeitamente, oportunamente, apropriadamente a um objetivo, a depender da controvérsia apresentada." FACCI, Lucio Picanço. *Meios adequados de solução de conflitos administrativos*: a experiência da Câmara de Conciliação e Arbitragem da Administração Federal. Rio de Janeiro: Lumen Juris, 2009. p. 40-41.

e posterior uso em maior escala, caso haja a percepção de bom funcionamento e resultado.

Cada vez mais têm aumentado as demandas sociais e a complexidade das controvérsias, passando a ter ainda maior relevância a promoção da solução dos conflitos, quer seja por meio da justiça estatal, quer por meio dos métodos alternativos de solução de controvérsias, a exemplo da arbitragem, sendo o mais relevante e, consequentemente, de interesse público, a efetiva pacificação social que nem sempre vem ocorrendo pela via da justiça estatal.[170]

Sendo o método adequado, os gestores passariam a ser cobrados e compelidos à adoção do instituto, visto que há limites na discricionariedade[171] do gestor em adotar ou não determinadas soluções, quando o interesse público indicar vantajosidade de uma solução em detrimento de outra, de outro modo a discricionariedade decisória seria confundida com livre arbítrio ou discricionariedade arbitrária, e a escolha do gestor, independentemente do interesse público, poderia indicar que a opção escolhida seria interesse do gestor ou da administração, mas não interesse público, podendo, inclusive, caracterizar um conflito de agência.[172]

---

[170] "Abrem-se os olhos agora, todavia, para todas essas modalidades de soluções não jurisdicionais dos conflitos, tratadas como meios alternativos de pacificação social. Vai ganhando corpo a consciência de que, se o que importa é pacificar, torna-se irrelevante que a pacificação venha por obra do Estado ou por outros meios, desde que eficientes. Por outro lado, cresce também a percepção de que o Estado tem falhado muito na sua missão pacificadora, que ele tenta realizar mediante o exercício da jurisdição e através das formas do processo civil, penal ou trabalhista." CINTRA, Antônio Carlos de Araujo. *Teoria geral do processo*. 25. ed. São Paulo: Malheiros, 2009. p. 31-32.

[171] "No Positivismo Jurídico, afastando-se dos costumes do Direito Natural, a lei afigura-se como o principal instrumento do Estado Democrático de Direito e, por conseguinte, das instituições gestoras da ordem pública. Entretanto, a aplicação da lei sob a égide de um positivismo rígido e engessado pela gramaticidade do texto, que se vê empregado ao pseudocientificismo, leva à discricionariedade arbitraria. O direito positivo deve ser encarado como o fundamento, a base, para o 'fluir' dúctil do 'normativo', que deve partir de um referencial escrito e avançar para uma realidade sociocultural de normatividade assentada em um contexto de juridicidade a formarem o subtexto jurídico." DEZAN, Sandro Lúcio. *O conteúdo valorativo da norma jurídica*: a fenomenologia do direito e os valores axiomáticos para uma jurisdicidade concretista da administração pública. 2017. Tese (Doutorado em Direito) – Faculdade de Direito de Vitória, Vitória, 2017, p. 96. Disponível em: http://repositorio.fdv.br:8080/bitstream/fdv/239/1/sandro-lucio-dezan.pdf. Acesso em: 4 fev. 2024.

[172] "Porém, é comum que os administradores, dados os seus interesses e preferências particulares, se comportem de maneira distinta daquela esperada pelos proprietários (conflito de interesse). Esse fenômeno cresce à medida que mais autonomia é dada aos administradores e menos informação e controle os proprietários (majoritários ou

Hely Lopes Meireles destaca que o poder discricionário "é o que o Direito concede à administração pública, de modo explícito ou implícito, para a prática de atos administrativos com liberdade na escolha de sua conveniência, oportunidade e conteúdo".[173] O que não se confunde com arbitrariedade ou mesmo com a possibilidade de escolhas administrativas dissociadas do que claramente seria o interesse público, detalhado em tópico próprio do capítulo 2.

Já Celso Antônio Bandeira de Mello defende que:

> discricionariedade, portanto, é a margem de liberdade que remanesça ao administrador para eleger, segundo critérios consistentes de razoabilidade, um, dentre pelo menos dois comportamentos cabíveis, perante cada caso concreto, a fim de cumprir o dever de adotar a solução mais adequada à satisfação da finalidade legal, quando, por força da fluidez das expressões da lei ou da liberdade conferida no mandamento, dela não se possa extrair objetivamente, uma solução unívoca para a situação vertente.[174]

Ou seja, segundo o autor, há margem de liberdade para o gestor, que deve decidir com razoabilidade, buscando cumprir com a sua obrigação, esperada pela sociedade, de decidir da melhor forma, forma mais adequada, para satisfação dos fins pretendidos pela lei, em prol da sociedade.

Assim, a margem de discricionariedade do gestor público não pode ser confundida com mera liberalidade para a prática de atos arbitrários. A análise para a identificação da melhor opção deve sempre ser empreendida em virtude da necessidade de realizar motivação para a prática do ato, inclusive em respeito ao princípio da legalidade.[175]

---

minoritários) tenham sobre a organização, ainda que seja um efeito esperado conforme se afastam da administração diária da organização e a delegam aos administradores. Isso é chamado de conflito agente-principal (ou conflito de agência): quando os interesses daqueles que têm direitos (principal) não são adequadamente atendidos pelos agentes incumbidos de respeitá-los e atendê-los." BRASIL. Tribunal de Contas da União. *Referencial básico de governança organizacional*. 3. ed. Brasília, DF: Tribunal de Contas da União, 2020. p. 26. Disponível em: https://portal.tcu.gov.br/lumis/portal/file/fileDownload.jsp?fileId=8A81881F7AB5B041017BABE767F6467E. Acesso em: 3 fev. 2024.

[173] MEIRELLES, Hely Lopes. *Direito administrativo brasileiro*. 42. ed. São Paulo: Malheiros, 2016. p. 139.

[174] MELLO, Celso Antônio Bandeira de. *Discricionariedade e controle jurisdicional*. 2. ed. São Paulo: Malheiros, 2006. p. 48.

[175] MEIRELLES, Hely Lopes. *Direito administrativo brasileiro*. 42. ed. São Paulo: Malheiros, 2016. p. 109-110.

Na área de concessões de serviços públicos, contemplando tanto a construção quanto a operação das infraestruturas construídas, há farta utilização da arbitragem desde a alteração legislativa promovida em 2005 na Lei de Concessões, Lei nº 8.987, de 13 de fevereiro de 1995, ou seja, passaram-se quase duas décadas do início da previsão legal e, naturalmente, ao longo desse período foi possível iniciar e terminar processos arbitrais na área de concessões.

A referida alteração se deu mediante a aprovação da Lei nº 11.196, de 21 de novembro de 2005, que incluiu o artigo 23-A na Lei de Concessões e passou a prever expressamente a possibilidade de uso de arbitragem em contratos de concessão de serviços públicos.[176]

Após beber da fonte desse outro ramo de provimento de infraestrutura, serão avaliados os potenciais benefícios da adoção da arbitragem em contratos celebrados pela administração para a execução de obras públicas de engenharia, bem como os principais desafios percebidos para a efetiva utilização do instituto da arbitragem na área de obras públicas, o que até a presente data não tem histórico de utilização.

Conforme exposto nos capítulos anteriores, alguns dos desafios para o uso da arbitragem pela administração pública foram superados, notadamente quanto ao respeito ao princípio da legalidade quando da adoção do instituto em editais, bem como quanto à existência de direitos patrimoniais disponíveis, mesmo quando em debate temas afetos à administração pública.

Destaca-se que nem mesmo após ter havido superação dos obstáculos até então conhecidos houve mudança de postura daqueles que gerem as contratações de obras públicas para que os editais passassem a prever o uso de arbitragem em contratações de obras públicas executadas com recursos federais, notadamente diante da previsão da possibilidade de uso da arbitragem nas contratações de obras públicas executadas por meio do Regime Diferenciado de Contratações, desde 2015, sem que tenha sido identificado o uso efetivo do instrumento em editais de tal natureza.

---

[176] Redação do Art. 23-A: "O contrato de concessão poderá prever o emprego de mecanismos privados para resolução de disputas decorrentes ou relacionadas ao contrato, inclusive a arbitragem, a ser realizada no Brasil e em língua portuguesa, nos termos da Lei nº 9.307, de 23 de setembro de 1996". BRASIL. *Lei nº 8.987, de 13 de fevereiro de 1995*. Brasília, DF: Presidência da República, 1995. Disponível em: https://www.planalto.gov.br/ccivil_03/leis/l8987cons.htm. Acesso em: 21 out. 2023.

3.1 A adoção da arbitragem em contratos complexos de concessão de serviços públicos na área de infraestrutura no Brasil

A utilização da arbitragem no Brasil não é algo novo, o primeiro caso de arbitragem administrado pela Câmara da Federação das Indústrias do Estado de São Paulo (Fiesp) data de 1998, ressaltando que a Lei de Arbitragem é de 1996.

Entre o ano de 2002 e 2007, o número de casos gerenciados pela Câmara de Arbitragem da Fiesp variou entre 4 e 16, e, após 2008, o número de casos aumentou variando entre 22 e 57 casos por ano nas últimas duas décadas, considerando tanto casos de controvérsias envolvendo exclusivamente atores privados quanto casos de controvérsias entre particulares e a administração pública.

Ainda conforme dados da Fiesp,[177] os contratos de construção civil e energia representaram 14% das arbitragens administradas pela entidade no ano de 2022. Já em relação aos casos em que havia participação da administração pública como parte, em andamento ao longo do ano de 2022, houve apenas um novo caso iniciado, perfazendo o total de seis casos em andamento à época, sendo que dois envolviam a administração pública direta, enquanto quatro contavam com a participação de sociedades de economia mista, com valores controvertidos superiores a R$ 1 bilhão.

Em relação ao tempo de resolução do conflito, considerando as arbitragens finalizadas em 2022 no âmbito da Fiesp, o prazo médio para prolação das sentenças arbitrais foi de 20 meses, contados da assinatura do termo de arbitragem. O caso de arbitragem julgada com maior celeridade foi o que teve sentença prolatada apenas 43 dias, contados da assinatura do termo de arbitragem.

Já quanto aos pedidos de impugnação de árbitros relativos aos casos em andamento no ano de 2022 na Fiesp, sete pedidos de um total de doze foram apreciados, dos quais em dois houve

---

[177] BRASIL. Federação Brasileira da Industria da Construção do Estado de São Paulo. Câmara de Conciliação, Mediação e arbitragem. *Números da Câmara 2022*. São Paulo: CIESP, 2022. Disponível em: https://www.camaradearbitragemsp.com.br/pt/res/docs/20220822-estatisticas-2022-serv-e-atuacao.pdf. Acesso em: 4 fev. 2024.

renúncia do árbitro após a impugnação, o que confere celeridade ao procedimento; em outros dois houve julgamento pela improcedência da impugnação; em um dos casos houve acordo entre as partes acerca da impugnação e em apenas dois casos houve julgamento pela procedência da impugnação, com a consequente necessidade de indicação de outro árbitro para compor o tribunal arbitral.

Tais números demonstram que a impugnações de árbitros não é algo tão frequente, bem como que a procedência das impugnações, com a subsequente substituição do árbitro indicado, é bastante eventual e não traz impacto representativo ao andamento das arbitragens em geral, não configurando um problema a ser mais bem enfrentado ou regulado por nova norma, sem prejuízo de eventuais aprimoramentos.

Em outra pesquisa realizada pelo Canal Arbitragem, dessa vez em amostra de oito câmaras arbitrais,[178] houve a indicação de que percentualmente falando os novos casos de arbitragem envolvendo a administração pública representaram 16,66%, 8,5% e 8,7% nos anos de 2019, 2020 e 2021, respectivamente.

Em relação ao prazo médio de julgamento dos processos arbitrais, no ano de 2020, as oito câmaras apresentaram 19,12 meses – a Câmara com menor tempo médio apresentou 10,13 meses, com melhora dos prazos médios de 8% em comparação com o ano anterior de 2019.

Já em 2021, a média de prazo de duração dos procedimentos das mesmas oito câmaras foi de 18,41 meses, com a câmara que apresentou o menor tempo médio alcançando 14 meses de prazo, com melhoria de 4% na redução do prazo de julgamento, em se comparando com o ano de 2020.

No de 2020, as oito câmaras possuíam 996 processos em andamento, dos quais 38 tiveram impugnação de árbitro realizada por ao menos uma das partes, representando apenas 3,8% dos

---

[178] Pesquisa realizada nas seguintes Câmaras: Centro de Arbitragem da AMCHAM, Centro de Arbitragem da Câmara de Comércio Brasil-Canadá, Câmara de Mediação, Conciliação e Arbitragem de São Paulo, Câmara de Arbitragem do Mercado B3, Corte Internacional de Arbitragem da Câmara de Comercio Internacional, Câmara de Arbitragem da Fundação Getúlio Vargas, Centro de Mediação e Arbitragem, Câmara de Arbitragem Empresarial. LEMES, Selma Ferreira. *Pesquisa 2020/2021*. São Paulo: Canal Arbitragem, 2022. Disponível em: https://canalarbitragem.com.br/wp-content/uploads/2022/12/2022.08.19_PESQUISA_V10.pdf. Acesso em: 4 fev. 2024.

casos, sendo que as impugnações acolhidas representam doze casos, equivalentes a 1,2% do total de arbitragens.

Já no ano de 2021, o total de arbitragens que estavam em andamento foi de 1.047, das quais 35 casos foram objeto de impugnação do árbitro pelas partes, sendo o total de impugnações acolhidas de apenas sete casos, representando 3,4% das arbitragens em andamento em 2021 e 20% dos casos que contaram com a impugnação do árbitro, sendo que as impugnações aceitas representaram 0,6% do total de arbitragens em andamento, número que demonstra que o tema relativo à impugnação de árbitro não tem sido problema no âmbito das arbitragens em andamento no Brasil, quer seja pela baixa quantidade de impugnações, quer seja pela diminuta quantidade de impugnações aceitas[179] em relação ao total de casos em andamento.

Em relação à designação dos árbitros em 2020, 152 árbitros estrangeiros participaram dos procedimentos arbitrais indicados, enquanto, em 2021, 296 árbitros estrangeiros participaram da composição dos tribunais arbitrais.

As informações disponíveis pela pesquisa da Federação das Indústrias do estado de São Paulo e do Canal Arbitragem, apesar de contemplarem as arbitragens das câmaras pesquisadas em que há participação da administração pública, inclusive com alguns números e informações sobre o tema, são mais gerais e menos específicas sobre os casos que envolvem a administração pública, ou mesmo, de modo ainda mais específico, aqueles que envolvem contratos de concessões de serviços públicos.

---

[179] "Sobreleva de importância a aferição do ínfimo número de impugnações de árbitros nas Câmaras pesquisadas representando em 2021 menos de 1% (0,6%) das impugnações aceitas, num universo de 1047 arbitragens em andamento. Saliente-se que nesta pesquisa temos as maiores instituições de arbitragem do Brasil e uma das maiores instituições mundiais: a CCI. Muito se especula quanto à impugnação de árbitros e ações de anulação de sentença arbitral pelo motivo de que o árbitro não poderia ser árbitro, em razão do dever de revelação (art. 14, §1º). Todavia, esta pesquisa demonstra que no âmbito das Câmaras a impugnação de árbitros é insignificante e as partes indicam pessoas capacitadas e com os atributos que a lei determina (independência e imparcialidade) para serem árbitros. Indubitavelmente, esse é um dos principais motivos pelos quais o Brasil é um dos maiores líderes em arbitragem, ocupando o segundo lugar mundial nas estatísticas da CCI de 2021." LEMES, Selma Ferreira. *Pesquisa 2020/2021*. São Paulo: Canal Arbitragem, 2022. Disponível em: https://canalarbitragem.com.br/wp-content/uploads/2022/12/2022.08.19_PESQUISA_V10.pdf. Acesso em: 4 fev. 2024.

Desse modo, considerando o caráter mais geral das pesquisas, necessário se faz apresentar fontes de informação que envolvam mais especificamente dados sobre arbitragens na administração pública, especialmente no ramo de provimento de infraestrutura por meio de contratos de concessão de serviços públicos do referido setor.

Assim, serão apresentados dados extraídos do Núcleo Especializado em Arbitragem (NEA) da Advocacia-Geral da União (AGU), responsável pela representação da União nas arbitragens, instituído no âmbito da Consultoria-Geral da União da AGU em 2018, por meio da Portaria AGU 226, de 26 de julho de 2018.[180]

Atualmente, a atuação do referido núcleo bem como a sua a competência, estrutura e funcionamento estão disciplinados pela Portaria Normativa AGU 75, de 23 de dezembro de 2022.[181]

As concessões de serviços públicos, inclusive aquelas da área de infraestrutura, são regidas pela Lei das Concessões, Lei nº 8.987, de 13 de fevereiro de 1995, que trata do regime de concessão de serviços públicos e foi alterada por meio da Lei nº 11.196, de 21 de novembro de 2005, para prever no seu artigo 23-A a expressa possibilidade do uso de arbitragem em contratos de concessão de serviços públicos,[182] contemplando os contratos de concessão da área de infraestrutura.

Ou seja, ao menos desde 2005 a arbitrabilidade subjetiva estaria caracterizada para os contratos de concessão de serviços públicos, com a expressa previsão legal promovida pela alteração

---

[180] BRASIL. Advocacia-Geral da União. *Portaria 226, de 26 de julho de 2018.* Brasília, DF: AGU, 2018. Disponível em: https://www.gov.br/agu/pt-br/composicao/cgu/cgu/neadir/arquivos/180726_portaria_agu_226_de_26_de_julho_de_2018_-_instituicao_nea-sp.pdf. Acesso em: 4 fev. 2024.

[181] BRASIL. Advocacia-Geral da União. *Portaria Normativa 75, de 23 de dezembro de 2022.* Brasília, DF: AGU, 2022. Disponível em: https://www.gov.br/agu/pt-br/composicao/cgu/cgu/neadir/arquivos/portaria-normativa-agu-no-75-de-23-de-dezembro-de-2022-dispoe-sobre-a-competencia-a-estrutura-e-o-funcionamento-do-nea.pdf/@@download/file. Acesso em: 4 fev. 2024.

[182] Redação do art. 23-A "O contrato de concessão poderá prever o emprego de mecanismos privados para resolução de disputas decorrentes ou relacionadas ao contrato, inclusive a arbitragem, a ser realizada no Brasil e em língua portuguesa, nos termos da Lei nº 9.307, de 23 de setembro de 1996". BRASIL. *Lei nº 8.987, de 13 de fevereiro de 1995.* Brasília, DF: Presidência da República, 1995. Disponível em: https://www.planalto.gov.br/ccivil_03/leis/l8987cons.htm. Acesso em: 21 out. 2023.

da Lei de Concessões, que outrora teria despertado embates doutrinários e jurisprudenciais.

Dessa forma, com o início da utilização da previsão para solucionar controvérsias futuras por meio do método alternativo de solução de controvérsias da arbitragem, diversos editais e contratos passaram a prever o uso do referido instituto, o que culminou, com o passar do tempo, com a existência de requerimentos arbitrais tendentes a dirimir conflitos surgidos na execução contratual de concessões de serviço público, com a consequente instauração de tribunais arbitrais para julgar e resolver as controvérsias.

Os contratos de concessão delegam a gestão de serviços públicos, muitas vezes contemplando a execução prévia de obras de engenharia como meio para a construção da infraestrutura necessária para a prestação do serviço público, dentro de um mesmo contrato, para que os particulares, de modo bilateral, possam cobrar tarifas dos usuários, ou mesmo receitas alternativas, com maior grau de autonomia de gestão, assumindo muitas vezes risco no tocante à demanda e, por consequência, relativo ao pagamento das tarifas decorrentes da maior ou menor utilização dos serviços por parte dos usuários.[183] Sendo contratos de longo prazo, naturalmente controvérsias acabam surgindo e a via arbitral tem sido a escolhida para buscar superar as divergências.

Como já dito, a Advocacia-Geral da União estruturou núcleo específico para atuar nos processos de arbitragem em 2023 e dispõe de página eletrônica na internet com diversas informações que serão a seguir apresentadas.[184]

---

[183] "São ajustes que se prestam a conceder temporariamente a gestão de serviços ou obras públicas delegáveis a particulares, pela via contratual de natureza bilateral, estruturados economicamente a partir de receita tarifária cobrada dos usuários, mas admitindo-se receitas alternativas na composição da remuneração do concessionário. Essas concessões pressupõem uma certa autonomia de gestão do concessionário, disciplinada e controlada pelo poder concedente. Há riscos econômico-financeiros envolvidos na concessão, por quanto a remuneração do concessionário estará proporcionada à exploração do negócio (risco de utilização). Fundamentalmente, o que é de relevo na caracterização da concessão está na assunção da obrigação de execução (ao modo de gestão) do serviço público pelo concessionário, extraindo sua remuneração diretamente da exploração do negócio (e de receitas alternativas vinculadas ao negócio da concessão." GUIMARÃES, Fernando Vernalha. *Concessões de Serviço Público*. 2. ed. revisada, atual. e ampliada. São Paulo: Saraiva, 2014. p. 65-66.

[184] BRASIL. Advocacia-Geral da União. *Estatísticas de Atuação*. Atualizada em 08/12/2023. Brasília, DF: AGU, 2023. Disponível em: https://www.gov.br/agu/pt-br/composicao/cgu/cgu/neadir/estatisticas-de-atuacao-old. Acesso em: 4 fev. 2024.

O NEA exerceu as suas atividades ao logo de 2023 em doze processos arbitrais que estavam em andamento, logicamente envolvendo temas de competência federal, dos quais um foi iniciado no próprio exercício de 2023, três iniciaram no ano de 2021, um em cada ano de 2020 e 2019 e os outros seis processos já estavam em andamento no ano de 2018, ou seja, iniciaram antes do referido ano.

Em relação ao setor em que a controvérsia foi estabelecida e motivou o processo arbitral, as estatísticas das arbitragens do NEA apontam a seguinte configuração em termos de peso por setor:

Figura 10 – Arbitragens por setor

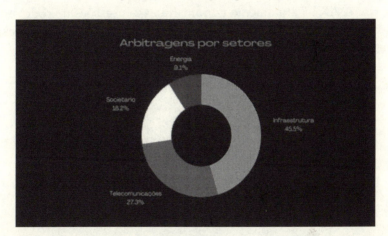

Fonte: AGU – Estatísticas de atuação do NEA (2023)

Energia, Telecomunicações e Infraestrutura (contemplando rodovias, ferrovias, aeroportos e portos) representam 81,8% dos processos, demonstrando o peso das controvérsias em infraestrutura. Os demais 18,8% são relativos a questões societárias.

O NEA aponta que os resultados, até então, têm sido favoráveis à administração pública, já que 62,5% das decisões foram finais e favoráveis à administração pública, enquanto 37,5% das decisões foram parciais e igualmente favoráveis à administração pública, não havendo resultado negativo parcial ou final para a administração pública.

Considerando a maior representatividade dos processos de arbitragem do setor infraestrutura (45,5% dos casos), foi possível verificar que a maior quantidade de processos está associada ao setor de infraestrutura de transporte terrestre, especialmente em relação ao setor rodoviário, conforme apresenta pesquisa realizada no âmbito do sítio eletrônico da Agência Nacional de Transportes Terrestres (ANTT), que indica a existência de oito procedimentos arbitrais em andamento e um encerrado.

Por ser um país de dimensões continentais e possuir o modal rodoviário com um grande peso no transporte interno, o setor rodoviário é o que possui grande quantidade de contratos de concessão quando comparado, por exemplo, com o setor de ferrovias e aeroportos, naturalmente não concorrendo em quantidade com os arrendamentos portuários, que são múltiplos em cada porto.

A ANTT atualmente administra 24 concessões de rodovias federais, com total de mais de 13.000 km de rodovias concedidas, nas seguintes localidades do país:[185]

Figura 11 – Mapa das concessões federais

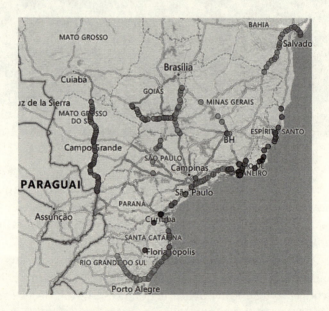

Fonte: Agência Nacional de Transportes Terrestres (2023)

---

[185] BRASIL. Agência Nacional de Transportes Terrestres. *Informações gerais*: concessões rodoviárias federais. Brasília, DF: ANTT, [20--]. Disponível em: https://www.gov.br/antt/pt-br/assuntos/rodovias/informacoes-gerais. Acesso em: 4 fev. 2024.

Buscando exemplificar com casos concretos já julgados por tribunais arbitrais envolvendo a administração pública federal, serão apresentados alguns exemplos de julgados da área rodoviária, para contribuir com o entendimento acerca do tema.

O procedimento nº 23433/2018 diz respeito a requerimento arbitral apresentado pela Concessionária de Rodovias Galvão em face da ANTT, em decorrência do contrato de concessão celebrado em 12/09/2014, cujo objeto é concessão da operação da BR 163/GO, contemplando investimentos de infraestrutura rodoviário, que contou com cláusula compromissória.

O requerimento arbitral foi apresentado em 2/2/2018, e houve prolação de sentença parcial de mérito[186] em 10/9/2020.

A sentença parcial de mérito reconheceu a arbitrabilidade objetiva dos pedidos contrapostos, julgou improcedente o pedido de declaração de caducidade do contrato de concessão, que foi considerada válida, condenou a ANTT ao pagamento de indenização à concessionária pelos investimentos vinculados a bens reversíveis não amortizados, condenou a empresa requerente ao pagamento de multas administrativas não quitadas, dos valores não pagos a título de verba contratual de fiscalização e de perdas e danos a ser liquidada em fase posterior e, também, julgou improcedente pedidos da requerente para declarar inexistência de infrações contratuais e inexigibilidade de multas administrativas aplicadas.

Ou seja, em período de 4 anos e 7 meses houve a sentença parcial que estabeleceu a definição dos direitos, que passariam a ser liquidados em momento posterior, ressaltando que praticamente a totalidade dos pedidos da requerente foi julgado improcedente, exceto quanto à obrigatoriedade de indenização por investimentos realizados em bens reversíveis não amortizados, com perícia em curso para a liquidação da sentença.

Já o procedimento 23932/2018, relativo a controvérsias surgidas no âmbito da relação contratual entre a ANTT e a Concessionária VIA 040, administrado pela Câmara de Comércio Internacional

---

[186] BRASIL. Corte Internacional de Arbitragem da Câmara de Comércio Internacional. *Procedimento arbitral 23433/2018*: sentença parcial de mérito, julgamento em 10 set. 2020. p. 86-88. Brasília, DF: Corte Internacional de Arbitragem da Câmara de Comércio Internacional, 2020. Disponível em: https://www.gov.br/agu/pt-br/composicao/cgu/cgu/neadir/arquivos/caso-galvao-icc-23433-sentenca-arbitral-parcial.pdf. Acesso em: 4 fev. 2024.

(CCI), contou com a prolação de sentença arbitral parcial, resolvendo a parte da controvérsia que não dependeria de diligência para esclarecimento ou mesmo de prova técnica pericial.

A expedição de sentença parcial, quando possível, é de interesse das partes e, também, interesse público, notadamente em função do princípio da celeridade processual, resolvendo o que pode ser resolvido no menor prazo possível.

No caso concreto, o contrato data de 12/3/2014 e o requerimento para instauração de procedimento arbitral foi recebido em 18/9/2018 e, após objeções quanto aos indicados para a posição de árbitro, a Ata de Missão foi assinada em 25/9/2019, estabelecendo o cronograma do procedimento arbitral e a sentença arbitral parcial foi proferida em 17/11/2021.

A sentença parcial[187] do tribunal arbitral se deu no sentido de julgar improcedente o requerimento de reequilíbrio econômico-financeiro formulado pela requerente em função do impacto da crise econômica no volume de tráfego da rodovia e por conta da dificuldade de obtenção de financiamento, bem como converter em diligência outros temas que não estavam prontos para julgamento.

Assim, parte relevante da controvérsia, possível de solução naquele momento, foi objeto de sentença parcial em prazo próximo a dois anos da constituição do tribunal arbitral.

No tocante ao procedimento arbitral 25572/2020, o requerimento foi apresentado em 12/8/2020 e a ata de missão foi assinada em 12/5/2021, após o que a sentença de mérito foi proferida em 16/5/2023, ou seja, dois anos após a data de assinatura da ata de missão.

A sentença de mérito[188] julgou improcedentes os pedidos da requerente para invalidação ou diminuição das multas aplicadas por descumprimentos contratuais, bem como para que houvesse

---

[187] BRASIL. Agência Nacional de Transportes Terrestres. ANTT. *Procedimento arbitral 23932/2018*: sentença parcial de mérito, julgamento em 17 nov. 2021. Brasília, DF: ANTT, 2021. p. 86-88. Disponível em: https://portal.antt.gov.br/documents/2599342/2596913/211117+-+TRIBUNAL+-+Senten%C3%A7a+Parcial.pdf/af3167e7-7f31-b6a9-b218-f09bc128aba0?version=1.0&t=1650456520620. Acesso em: 4 fev. 2024.

[188] BRASIL. Agência Nacional de Transportes Terrestres. ANTT. *Procedimento arbitral 25572/2020*: sentença de mérito, julgamento em 16 maio 2023. Brasília, DF: ANTT, 2020. p. 284-285. Disponível em: https://portal.antt.gov.br/documents/2599342/2643773/230516+-+Senten%C3%A7a+Arbitral+Final.pdf/1dacf0ee-98e5-ad72-7093-c4a36a98ef87?version=1.0&t=1688493857877. Acesso em: 4 fev. 2024.

a atribuição das custas do processo arbitral para pagamento por parte da requerida.

Buscando exemplificar com caso de concessão municipal que foi submetida a procedimento arbitral, serão apresentados dados do procedimento arbitral A-304/2020[189] da Câmara de Mediação e Arbitragem Empresarial (Camarb), relativo ao contrato de concessão da Rodoviária de Belo Horizonte, celebrado entre o Município de Belo Horizonte e empresa privada, contemplando a construção do novo terminal rodoviário e a operação dos serviços para funcionamento da referida estação rodoviária.

Em síntese, a controvérsia girava em torno da impossibilidade de execução das obras para implantação da Rodoviária, motivo pelo qual o requerimento de Constituição da arbitragem solicitava o pagamento de indenização por alegado inadimplemento contratual por parte do município, enquanto o município alegava não ter havido inadimplemento, mas sim situação equiparada a caso fortuito.

No caso concreto, houve impugnação do árbitro que, de imediato, renunciou a indicação, deixando de ser necessário o processamento e julgamento da impugnação, impondo celeridade ao andamento do processo.

O Termo de Arbitragem do procedimento A-304/2020 foi celebrado em 9/2/2021, com a prolação de sentença arbitral parcial em 6/4/2021 e a sentença definitiva proferida em 9/2/2022, perfazendo o prazo de um ano de julgamento definitivo da controvérsia e menos de dois meses para haver sentença parcial, resolvendo parte da controvérsia apresentada ao tribunal arbitral.

A sentença parcial extinguiu o contrato, restituindo a obrigação de guarda do terreno que estava com a concessionária para a municipalidade, já que era consenso não ser mais possível avançar com a execução do objeto, mesmo que sem definir a espécie da extinção, se por inadimplemento do município, o que geraria obrigação de indenizar, ou por força maior, quando cada um arcaria com os próprios prejuízos incorridos, sem o dever de indenizar.

---

[189] BRASIL. Câmara de Mediação e Arbitragem Empresarial. *Procedimento arbitral A-304/2020*: sentença de mérito, julgamento em 9 fev. 2022. p. 62-66. Disponível mediante requerimento à CAMARB.

Já a sentença de mérito entendeu que a obrigação do município era de meio, e não de resultado em relação à obtenção das autorizações de entidades de outras esferas para que a rodoviária pudesse ter funcionalidade, o que motivou a prolação de sentença unânime no sentido da improcedência do pedido de indenização da requerente contra o município.

Assim, após discorrer sobre a adoção da arbitragem na área de infraestrutura, com exemplos da área de infraestrutura de transportes terrestres, setor com o maior número de casos em andamento, foi produzido insumo para que possa ser avaliado se, afinal, há benefícios caso haja adoção da arbitragem na área de obras públicas.

3.2 Potenciais benefícios do uso da arbitragem em contratos celebrados para a execução de obras públicas

Inicialmente, importante destacar que, analisando os oito procedimentos arbitrais em andamento no âmbito da ANTT, é possível afirmar que seis casos tratam majoritariamente de pedidos de reequilíbrio econômico-financeiro, um caso versa sobre questionamento a multas aplicadas por descumprimento de obrigações contratuais e um sobre indenização por ocasião do encerramento do contrato. O único procedimento arbitral em tramitação no âmbito da Agência Nacional de Aviação Civil é o do aeroporto de Viracopos, que também trata de reequilíbrio econômico-financeiro.

Desse modo, todos os casos estudados[190] estão contemplados no rol exemplificativo do parágrafo único do artigo 151 da Nova Lei de Licitações,[191] que, mesmo não sendo aplicável aos contratos

---

[190] BRASIL. Advocacia-Geral da União. *Núcleo Especializado em Arbitragem*: casos de arbitragem. Brasília, DF: AGU, [20--?]. Disponível em: https://www.gov.br/agu/pt-br/composicao/cgu/cgu/neadir/casos-de-arbitragem-2. Acesso em: 4 fev. 2024.

[191] Redação do Parágrafo único do art. 151: "Parágrafo único. Será aplicado o disposto no *caput* deste artigo às controvérsias relacionadas a direitos patrimoniais disponíveis, como as questões relacionadas ao restabelecimento do equilíbrio econômico-financeiro do contrato, ao inadimplemento de obrigações contratuais por quaisquer das partes e

de concessão, pode ser usado como referência para demonstrar a aderência entre o que o legislador buscou permitir que seja endereçado para arbitragem no âmbito dos contratos regidos pela Nova Lei de Licitações, incluindo as obras públicas, e o que de fato tem sido objeto de controvérsia que tem originado requerimentos nos contratos de concessões de serviços públicos na área de infraestrutura.

Ou seja, pedidos de reequilíbrio econômico-financeiro, cálculo e cabimento de indenizações e inadimplementos de obrigações contratuais têm sido justamente o cerne das controvérsias dos contratos de concessão celebrados entre particulares e a administração pública, motivo pelo qual a comparação entre a aplicação da arbitragem nos dois ramos de provimento de infraestrutura, qual seja, obras públicas e concessão de serviços públicos, possui aderência e é razoável.

Um dos aspectos relevantes que tem impulsionado o uso da arbitragem como método de solução de controvérsias é a maior celeridade, quando comparamos as decisões dos tribunais arbitrais com as decisões proferidas no âmbito do Poder Judiciário.

É sabido por todos o grande desconforto vivido pela sociedade em geral com a delonga da conclusão dos processos judiciais, o que acaba por motivar frustração e angústia ao longo de anos até que algum resultado seja alcançado, havendo relação intrínseca entre o princípio constitucional da razoável duração do processo e o princípio da eficiência, trazido à base constitucional do artigo 37 por meio da Emenda Constitucional 45/2004.[192]

Dito de outra forma, a atuação dos tribunais judiciais ou arbitrais de modo mais eficiente, em respeito ao princípio da eficiência, teria o condão de conferir maior celeridade processual, respeitando também o princípio da razoável duração do processo[193] e, com isso, o aumento do bem-estar da sociedade.

---

ao cálculo de indenizações". BRASIL. *Lei nº 14.133, de 1º de abril de 2021*. Brasília, DF: Presidência da República, 2021. Disponível em: https://www.planalto.gov.br/ccivil_03/_ato2019-2022/2021/lei/l14133.htm. Acesso em: 21 out. 2023.

[192] GICO JUNIOR, Ivo Teixeira. *Análise econômica do processo civil*. Indaiatuba, São Paulo: Foco, 2020. p. 81.

[193] GICO JUNIOR, Ivo Teixeira. *Análise econômica do processo civil*. Indaiatuba, São Paulo: Foco, 2020. p. 43.

Sobre tempo de duração dos processos judiciais, dados do Justiça em Números de 2023, do Conselho Nacional de Justiça (CNJ),[194] indicam a seguinte situação:

Figura 12 – Tempo de tramitação até a sentença (cinza), baixa (cinza escuro) e não julgados (cinza claro)

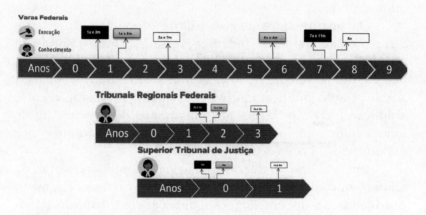

Fonte: Conselho Nacional de Justiça (2023)

Considerando os dados constantes da figura, produzidos pelo relatório anual do CNJ em 2023, com base em informações relativas ao ano de 2022, é possível concluir que as sentenças proferidas em 2022 tiveram prazo médio de um ano e três meses de duração dos processos, porém os processos sem julgamento definitivo e pendentes de julgamento tinham prazo médio de autuação de três anos e dois meses.

Mesmo após a sentença, haveria recurso obrigatório[195] para os Tribunais Regionais Federais, que em 2022 produziram sentenças

---

[194] CNJ. Conselho Nacional de Justiça. *Justiça em Números 2023*. Brasília, DF: CNJ, 2023. p. 210-211. Disponível em: https://www.cnj.jus.br/wp-content/uploads/2023/09/justica-em-numeros-2023-010923.pdf. Acesso em: 4 fev. 2024.

[195] Redação do art. 496, inciso I: "Está sujeita ao duplo grau de jurisdição, não produzindo efeito senão depois de confirmada pelo tribunal, a sentença: I – proferida contra a União, os Estados, o Distrito Federal, os Municípios e suas respectivas autarquias e fundações de direito público". BRASIL. Código de Processo Civil. *Lei nº 13.105, de 16 de março de 2015*. Brasília, DF: Presidência da República, 2015. Disponível em: https://www.planalto.gov.br/ccivil_03/_ato2015-2018/2015/lei/l13105.htm. Acesso em: 4 fev. 2024.

em processos que tiveram duração média de dois anos e um mês, enquanto os processos que não foram jugados em 2022 tinham um prazo médio de autuação de três anos e três meses.

Apesar de não ser obrigatório, muitos processos seriam ainda submetidos a recursos no Superior Tribunal de Justiça (STJ) e/ou no Supremo Tribunal Federal (STF). Sobre o STJ, os números apontam que os processos julgados em 2022 duraram em média cinco meses, enquanto os processos não julgados estavam no estoque a um ano e quatro meses, em média.

Se considerarmos apenas a fase de conhecimento e os prazos médios dos processos julgados, o prazo de julgamento seria da ordem de três anos e nove meses.

Por outro lado, apesar de não ser passível de soma direta, se houver consideração de que os processos mais complexos são justamente aqueles que ficam pendentes de julgamento, considerarmos o tempo médio dos processos que ficaram pendentes, teremos pendências projetadas de sete anos e nove meses, que seria a soma dos prazos médios dos processos pendentes nas varas federais, TRFs e STJ.

Tal somatório ilustraria bem a lógica dos processos de infraestrutura, tanto de obras públicas quanto de concessões de serviços públicos, já que em regra tratam de temas complexos.

Considerando o horizonte de cobranças institucionais por julgamento de maior quantidade de processos, acaba sendo uma consequência a postergação de julgamentos de casos complexos, não somente pela elevada complexidade, que já justificaria um prazo maior, mas também pelo impacto que traria no próprio aumento de estoque processual de cada magistrado.

Já nas arbitragens, números da Câmara de Conciliação, Mediação e Arbitragem da Federação das Indústrias do Estado de São Paulo[196] demonstram que o prazo médio de julgamento das arbitragens encerradas em 2022 foi de um ano e nove meses para os casos que não envolveram perícia e de quatro anos para os casos em que houve a necessidade de realização de perícia.

---

[196] FIESP. Federação das Indústrias do Estado de São Paulo. *Estatísticas 2022*. São Paulo: FIESP, 2022. p. 28. Disponível em: https://www.camaradearbitragemsp.com.br/pt/estatisticas-camara.html. Acesso em: 22 out. 2023.

Ademais, considerando também os prazos de liquidação das sentenças, o prazo médio que consta dos dados do CNJ foi de 95 meses, enquanto o prazo total das arbitragens, incluído o prazo decorrido para a decisão de mérito, foi de 57 meses para os casos em que houve necessidade de realização de perícia contábil e de 37 meses para os casos em que a perícia contábil não foi necessária.[197]

Pesquisa realizada com oito das principais câmaras de arbitragem com atuação no Brasil[198] demonstrou que nos anos de 2019, 2020 e 2021 os números de novas arbitragens foram de 289, 333 e 322, respectivamente. Considerando apenas as arbitragens envolvendo a administração pública, em 2019 foram 48 novos casos, em 2020 foram 29, enquanto em 2021 foram 27 novos casos.[199]

Em relação ao prazo médio dos processos que foram encerrados no período, a pesquisa evidenciou que a média de tempo entre a assinatura do termo de arbitragem e a prolação da sentença arbitral foi de 19,12 meses, sendo que a Câmara que teve o menor tempo médio chegou a 10,13 meses. Ademais, houve redução do tempo médio de 8% comparando os resultados de 2020 com 2019. Em 2021, a média do prazo para haver sentença foi de 18,41 meses, sendo que a Câmara que teve a menor média alcançou o prazo de 14 meses. Os processos ficaram 4% mais rápidos em 2021, em relação a 2020.[200]

---

[197] FIESP. Federação das Indústrias do Estado de São Paulo. *Estatísticas 2022*. São Paulo: FIESP, 2022. p. 19. Disponível em: https://www.camaradearbitragemsp.com.br/pt/estatisticas-camara.html. Acesso em: 22 out. 2023.

[198] Centro de Arbitragem da ACHAM – Brasil (AMCHAM), Centro de Arbitragem da Câmara de Comércio Brasil – Canadá (CAM-CCBC), Câmara de Mediação, Conciliação e Arbitragem de São Paulo (CAM-CIESP/FIESP), Câmara de Arbitragem do Mercado – B3 (CAM-MERCADO), Corte Internacional de Arbitragem da Câmara de Comércio Internacional (CCI), Câmara de Arbitragem da Fundação Getúlio Vargas (CAM-FGV), Centro Brasileiro de Mediação e Arbitragem (CBMA) e Câmara de Arbitragem Empresarial – Brasil (CAMARB). LEMES, Selma Ferreira (Pesquisadora). *Pesquisa 20/21*: arbitragem em números oito câmaras. 2022. Auxílio na Elaboração da Pesquisa: Vera Barros e Bruno Hellmeister. p. 2. Disponível em: https://www.migalhas.com.br/arquivos/2022/10/78B3FD4545063E_pesquisa-arbitragem.pdf. Acesso em: 22 out. 2023.

[199] LEMES, Selma Ferreira (pesquisadora). *Pesquisa 20/21*: arbitragem em números oito câmaras. Auxílio na Elaboração da Pesquisa: Vera Barros e Bruno Hellmeister. São Paulo: Canal Arbitragem, 2022. p. 5 e 14-15. Disponível em: https://www.migalhas.com.br/arquivos/2022/10/78B3FD4545063E_pesquisa-arbitragem.pdf. Acesso em: 22 out. 2023.

[200] LEMES, Selma Ferreira (pesquisadora). *Pesquisa 20/21*: arbitragem em números oito câmaras. Auxílio na Elaboração da Pesquisa: Vera Barros e Bruno Hellmeister.

Em que pese não haver elementos disponíveis para comparar o grau de complexidade dos processos encerrados nos anos de 2019, 2020 e 2021, o que impede de avaliar comparação mais ponderada sobre ganhos potenciais de eficiência, é possível verificar que a cada ano houve redução do tempo médio da prolação de sentenças, o que ganha especial relevo quando comparamos os números alcançados com a média de prazo para julgamento no âmbito judicial.

Comparando os números de 2022 do Conselho Nacional de Justiça e da Câmara de Conciliação, Mediação e Arbitragem da Federação das Indústrias do Estado de São Paulo, é possível evidenciar que os prazos médios das arbitragens são sensivelmente inferiores, especialmente quando consideramos todo o ciclo processual, incluindo a fase de liquidação.

Deixa-se de utilizar os prazos dos casos concretos das arbitragens para fins de comparação, pois não foi possível estratificar processos específicos de infraestrutura no âmbito do Poder Judiciário, motivo pelo qual os prazos comparados foram os que envolvem todos os processos.

Ainda sobre prazos, nas arbitragens é comum haver o estabelecimento de cronograma para cada etapa processual, o que contribui para que haja adequação entre o prazo para julgamento e a complexidade do que deve ser objeto de análise e julgamento.

Outro ponto que merece destaque em relação aos benefícios do uso da arbitragem é a possibilidade de que julgamentos de temas de alta complexidade sejam realizados por julgadores especializados no assunto controvertido, o que não ocorre nos julgamentos no âmbito do Poder Judiciário, mesmo com a criação de varas especializadas, visto que o conhecimento dos juízes, formados em Direito, não necessariamente é aprofundado em áreas técnicas, como infraestrutura e tecnologia da informação, por exemplo.

Insta destacar que, além de especialistas no tema, os árbitros gozam da confiança das partes, que inclusive poderiam impugnar o árbitro em caso de não haver confiança, ou mesmo caso houvesse alguma situação que pudesse ensejar conflito de interesse, a exemplo das hipóteses constantes do *International Bar Association*

São Paulo: Canal Arbitragem, 2022. p. 19. Disponível em: https://www.migalhas.com.br/arquivos/2022/10/78B3FD4545063E_pesquisa-arbitragem.pdf. Acesso em: 22 out. 2023.

Guidelines on Conflicts on Interest in International Arbitration,[201] que indicam situações com alerta "vermelho", com risco mais alto, e outras com alerta "laranja", com risco moderado e olhar conforme o caso, ou mesmo situações classificadas como "verde", que não geram conflito.

Ademais, o árbitro especialista que goza da confiança das partes terá disponibilidade para conduzir o processo com prioridade, pois não possui outros milhares de processos a seu cargo, como ocorre no âmbito do Poder Judiciário, o que também acaba sendo um diferencial importante para que não somente haja celeridade, mas para que haja o estudo profundo da controvérsia pelo especialista julgador que irá decidir a causa.

A relevância da utilização de especialistas técnicos nos julgamentos de casos complexos envolvendo a administração pública foi objeto de reflexão no Tribunal de Contas da União quando do julgamento de representação de licitante contra edital de licitação do setor portuário que continha a previsão de cláusula compromissória, sob a alegação de impossibilidade de disponibilidade dos direitos controvertidos.

Por meio do Acórdão nº 3.160/2020-Plenário,[202] o TCU julgou improcedente a representação e firmou entendimento de ser possível a adoção da arbitragem no caso concreto, ressaltando no voto do ministro relator o potencial benefício de haver julgamento das futuras controvérsias por especialistas no setor.

A adequação das soluções das lides ou controvérsia depende do nível de burocracia criada para que haja redução da assimetria

---

[201] INTERNATIONAL BAR ASSOCIATION. *Guidelines on Conflict of Interest in International Arbitration*. 2014. Disponível em: https://www.ibanet.org/MediaHandler?id=e2fe5e72-eb14-4bba-b10d-d33dafee8918. Acesso em: 5 fev. 2024.

[202] BRASIL. Tribunal de Contas da União. *Acórdão 3.160/2020*. Relator: Vital do Rego, Plenário, julgado em 25/11/2020. Brasília, DF: Tribunal de Contas da União, 2020. Disponível em: https://pesquisa.apps.tcu.gov.br/documento/acordao-completo/*/NUMACORDAO%253A3160%2520ANOACORDAO%253A2020%2520/DTRELEVANCIA%2520asc%252C%2520NUMACORDAOINT%2520asc/2. Acesso em: 2 fev. 2024. "Conforme asseverado pela unidade técnica, não procede a alegação do representante de que a resolução arbitral em câmara privada poderia resultar em dano ao interesse público ou à segurança jurídica. Para o órgão instrutivo, ao contrário dessa tese, a especialização da arbitragem ocorrida no âmbito de uma câmara privada pode ajudar a coibir comportamentos oportunistas praticados por contratados que se beneficiam da assimetria de informações da Administração."

das informações não somente entre as partes, como também em relação ao julgador, que só tendo amplo conhecimento sobre os fatos é que poderá aplicar corretamente o direito.

Posto, então, o grande desafio: dotar o funcionamento das instituições com a burocracia mínima possível que permita a redução da assimetria das informações sem provocar excessos de medidas que impeçam a razoável duração do processo.

A redução da assimetria de informação aumenta a probabilidade de acordo, permitindo que mais soluções consensuais sejam adotadas e acordos aconteçam, o que acaba por contribuir com a redução do prazo para a efetiva solução. A assimetria de informação é um dos principais fatores que impede a celebração de acordos.[203]

A rigor, o importante para as partes é que a lide seja resolvida, logicamente no menor prazo possível, independentemente se por meio de processo judicial ou arbitral, entendendo como processo "um conjunto de atos dirigidos à formação ou à aplicação dos preceitos (...) um método para formação ou para a aplicação do direito que visa a garantir o bom resultado, ou seja, uma tal regulação do conflito de interesses que consiga realmente a paz e, portanto, seja justa e certa".[204]

Em relação ao risco de haver demanda judicial para anular a sentença arbitral, tem sido observada grande deferência do Poder Judiciário aos tribunais arbitrais, o que tem feito com que a maioria dos casos não seja objeto de demanda judicial posterior à sentença arbitral. Pesquisas realizadas pela Arbipedia e pelo Comitê Brasileiro de Arbitragem (CBAr) apresentam resultados semelhantes, inferiores a 20% de êxito das demandas para anular sentenças arbitrais.[205]

Números apresentados pelo Arbipedia em 2021 apontam que, de 292 acórdãos de diversos Tribunais de Justiça do país, 236

---

[203] GICO JUNIIOR, Ivo Teixeira. *Análise econômica do processo civil*. Indaiatuba: Foco, 2020. p. 127-129.
[204] CARNELUTTI, Francesco. *Teoria geral do direito*. São Paulo: Lejus, 1999. p. 72.
[205] RODAS, Sérgio. 19% das Sentenças Arbitrais questionadas no Judiciário são anuladas, diz pesquisa. *Consultor Jurídico*, [São Paulo], 20 jul. 2021. Disponível em: https://www.conjur.com.br/2021-jul-20/19-sentencas-arbitrais-questionadas-judiciario-sao-anuladas/. Acesso em: 5 fev. 2024.

mantiveram a decisão da sentença arbitral e 56 determinaram a anulação da sentença arbitral, indicando percentual de 19% de nulidade das decisões dos tribunais arbitrais.

Os números da pesquisa feita pela Arbipedia em 2021 estão compatíveis com outra pesquisa realizada pelo Comitê Brasileiro de Arbitragem (CBAr) em 2016, quando 11 processos de Tribunais Superiores foram objeto de demanda para anular sentenças arbitrais, dos quais apenas dois acabaram por gerar anulação da sentença arbitral, representando 18% dos casos.

A indisponibilidade da miríade de recursos que estão presentes no âmbito dos processos judiciais contribui substancialmente para que haja celeridade processual na arbitragem, já que a sentença será definitiva e em poucos casos há a busca pelo Judiciário, que não tem dado guarida à busca pela nulidade das sentenças arbitrais, conforme revelado anteriormente.[206]

Desse modo, considerando a aderência entre os temas abordados em arbitragens da área de concessão de serviços públicos no setor de infraestrutura com os possíveis temas a serem objeto de requerimentos arbitrais na área de obras públicas, é possível afirmar que os benefícios que estão sendo experimentados nas soluções de controvérsias na área de concessões podem ser aproveitados também na área de obras públicas, notadamente com a perspectiva de utilização real do instituto da arbitragem expressamente previsto no artigo 151 da Nova Lei de Licitações.

3.3 Desafios a serem superados para a Efetiva Adoção da Arbitragem nos Contratos para a Execução de Obras Públicas

Inicialmente, importante destacar que não basta haver previsão legal para que a arbitragem seja usada, mas sim que haja

---

[206] "Contribui ainda para a celeridade, a definitividade das decisões arbitrais, uma vez que, prolatada a sentença, ela não desafia recursos como ocorre na jurisdição estatal em que há um plexo recursal à disposição das partes." PARADA, André Luis Nascimento. *Arbitragem nos contratos administrativos*: análise crítica dos obstáculos jurídicos suscitados para afastar a sua utilização. Curitiba: Juruá, 2015. p. 45.

uma mudança de cultura em que seja percebido em quais casos o potencial benefício pode ser maximizado.

Corrobora a tese de que a previsão legislativa é necessária, mas não suficiente, o fato de não haver uso consistente do instituto mesmo após ter havido alteração legislativa para passar a ter previsão na Lei do Regime Diferenciado das Contratações, desde 2015.

Seria o medo de inovar uma barreira para a efetiva adoção da arbitragem nos editais ou seria apenas inércia em ambiente de poucos incentivos para fazer algo de uma forma diferente?

A questão que se sobrepõe é a presença ou não de interesse público, que, estando presente, limita a vontade arbitrária do gestor de não aderir à arbitragem, ressaltando que não há interesse público na inércia do gestor, tampouco em seu medo de decidir por algo novo.

Sobre o risco de o árbitro não ser imparcial, o assunto é de extrema relevância e poderia inclusive gerar nulidade da sentença arbitral, motivo pelo qual a imparcialidade é uma das qualidades e características mais relevantes que um árbitro deve ter.[207]

O instituto da imparcialidade do árbitro está diretamente conectado com o dever de revelação que o árbitro tem para com as partes, buscando fazer com que o princípio da não surpresa esteja presente na relação entre o julgador e aqueles que confiaram e escolheram o árbitro prezando pela imparcialidade e confiança, calcadas no dever de revelação.

Desse modo, para que as partes tenham a garantia de que o julgamento será justo, o árbitro deverá informar, por meio de questionário de imparcialidade, conflito de interesse e disponibilidade, permitindo às partes que, caso entendam pertinente, realizem a impugnação do árbitro. Destaca-se que o dever de revelação não acaba com o preenchimento do questionário no início da arbitragem e deve durar ao longo de todo o procedimento Arbitral.[208]

---

[207] "A primeira qualidade que se exige do árbitro é a imparcialidade, ou seja, a equidistância que o julgador deve guardar em relação às partes." CARMONA, Carlos Alberto. *Arbitragem e processo*. 4. ed. revista, atualizada e ampliada. Rio de Janeiro: Atlas, 2023. p. 245.

[208] "O dever de revelação é considerado contínuo durante todo o procedimento arbitral. Portanto, se houver fatos novos surgidos e que o árbitro julgue dignos de nota, deve comunicar às partes, até porque pode dar-se o caso de descobrir o árbitro, depois de iniciados os procedimentos, que estaria ligado indiretamente a uma das partes."

A esse respeito, existem parâmetros referenciais da *International Bar Association*[209] que estabelecem diretrizes internacionais sobre código de ética e conflito de interesse, o que pode balizar tanto a visão dos árbitros em relação a pontos importantes sobre o dever de revelação e a imparcialidade como as câmaras arbitrais quando da análise de impugnações, o que de fato tem ocorrido.

Sobre as impugnações dos árbitros realizadas por uma das partes, pesquisa demonstra que os números são proporcionalmente baixos. Em 2020, havendo total de 996 arbitragens em andamento, o total de casos em que houve impugnação foi de 38, dos quais 12 impugnações foram acolhidas, representando 1,2% das arbitragens em andamento. Em 2021, do total de 1.047 arbitragens em andamento, 35 deles sofreram impugnação do árbitro, dos quais 7 foram acolhidas, representando 0,6% das arbitragens em andamento.[210]

Ainda em relação à escolha dos árbitros, em 2020 houve a participação de 152 árbitros estrangeiros e em 2021 a participação de estrangeiros foi de 296 árbitros.[211] Não foram divulgados números de árbitros brasileiros que participaram, mas espera-se que sejam números superiores aos de árbitros internacionais e, considerando o número de árbitros internacionais indicados, aparenta haver quantidade representativa de árbitros atuando no país.

Sobre o risco de captura dos árbitros, importante destacar que tal risco não é descartado no âmbito do Poder Judiciário, o que é mitigado na arbitragem com a composição colegiada dos tribunais arbitrais, bem como com o fato de que decisões arbitrais polêmicas podem fazer com que o árbitro não seja mais indicado

---

CARMONA, Carlos Alberto. *Arbitragem e processo*. 4. ed. revista, atualizada e ampliada. Rio de Janeiro: Atlas, 2023. p. 260.

[209] INTERNATIONAL BAR ASSOCIATION. *Guidelines on Conflict of Interest in International Arbitration*. 2014. Disponível em: https://www.ibanet.org/MediaHandler?id=e2fe5e72-eb14-4bba-b10d-d33dafee8918. Acesso em: 5 fev. 2024.

[210] LEMES, Selma Ferreira (pesquisadora). *Pesquisa 20/21*: arbitragem em números oito câmaras. Auxílio na Elaboração da Pesquisa: Vera Barros e Bruno Hellmeister. São Paulo: Canal Arbitragem, 2022. p. 21. Disponível em: https://www.migalhas.com.br/arquivos/2022/10/78B3FD4545063E_pesquisa-arbitragem.pdf. Acesso em: 22 out 2023.

[211] LEMES, Selma Ferreira (pesquisadora). *Pesquisa 20/21*: arbitragem em números oito câmaras. Auxílio na Elaboração da Pesquisa: Vera Barros e Bruno Hellmeister. São Paulo: Canal Arbitragem, 2022. p. 25-26. Disponível em: https://www.migalhas.com.br/arquivos/2022/10/78B3FD4545063E_pesquisa-arbitragem.pdf. Acesso em: 22 out. 2023.

em procedimentos futuros, o que torna o mercado dos tribunais arbitrais potencialmente autolimpante.

Aspecto relevante acerca dos prazos das arbitragens, que foi demonstrado no tópico anterior como vantajoso quando comparado com a justiça estatal, tem sido relativo à demora para designação de peritos e consequente realização da perícia. A esse respeito, importante salientar que na justiça estatal também existem desafios para designação dos peritos de modo tempestivo.

Segundo estatísticas da Câmara da Fiesp,[212] a média de prazo dos julgamentos das arbitragens realizados em 2022 foi de vinte meses após a assinatura do termo de arbitragem.

Já o tempo médio de perícia em 2022 foi de doze meses, enquanto a média de duração dos casos em que foram concluídos em 2022 e tiveram perícia ao longo do processo arbitral foram de quatro anos, enquanto os casos que não tiveram perícia e foram encerrados em 2022 tiveram média de duração de 1 ano e 9 meses.

Considerando que as perícias duraram em média doze meses e que as arbitragens com perícia que foram concluídas em 2022 duraram quatro anos, enquanto as arbitragens concluídas em 2022 sem a realização de perícia ao longo do processo duraram 1 ano e 9 meses, é possível concluir que o prazo de diferença entre 4 anos e 1 ano e nove meses, qual seja 2 anos e 3 meses, seria para designação dos peritos e realização das perícias.

Considerando que a realização das perícias durou em média doze meses, tem-se que a indicação dos peritos tem levado em média 1 ano e 3 meses, prazo que depõe contra o princípio da celeridade que tanto valoriza o instituto da arbitragem e deve ser objeto de atenção, mesmo que no âmbito do Judiciário os prazos totais sejam ainda maiores.

Outro risco relevante seria a possibilidade de haver uma maior incidência de condenações contra o poder público, já que o pagamento por eventual condenação não seria alocado para um indivíduo ou empresa, podendo os árbitros ficarem mais sensíveis quando a condenação for para pessoas ou empresas específicas.

---

[212] FIESP. Federação das Indústrias do Estado de São Paulo. *Estatísticas 2022*. São Paulo: FIESP, 2022. p. 24-25. Disponível em: https://www.camaradearbitragemsp.com.br/pt/estatisticas-camara.html. Acesso em: 22 out. 2023.

Conforme foi evidenciado com os números da AGU, as decisões estão sendo majoritariamente favoráveis à administração pública, o que indica que tal risco não está sendo materializado. Logicamente, mesmo que ocorram perdas para o poder público, não seria possível inferir que seria a materialização do referido risco; por outro lado, o cenário oposto de ganhos majoritários pela administração pública demonstra que o risco não se concretizou.

No tocante ao risco de judicialização contra as sentenças arbitrais, foram apresentados dois estudos diferentes que indicaram percentuais inferiores a 20% de sentenças judiciais anulando sentenças arbitrais, ressaltando que muitos casos de sentenças arbitrais não são objeto de judicialização para tentar sentença anulatória, provavelmente justamente em função da baixa probabilidade de êxito e pela deferência que os tribunais judiciais têm conferido aos tribunais arbitrais, o que contribui para gerar segurança jurídica.

O último desafio para implementação das arbitragens na administração pública que será apresentado é o relativo ao suposto elevado custo dos procedimentos arbitrais.

A esse respeito, importante mencionar que as câmaras de arbitragem possuem tabelas com honorários a serem pagos aos árbitros, bem como que existe um limite tênue entre tornar a arbitragem mais acessível e ainda assim manter valores de honorários que sejam atrativos para bons especialistas técnicos nos temas controvertidos, sob pena de a arbitragem perder um dos seus maiores atrativos, que seria justamente a possibilidade de julgamento por especialista nos temas mais variados e áridos, por exemplo da área de infraestrutura.

A título de exemplo, de acordo com a tabela de honorários da Camarb,[213] considerando uma arbitragem cujo valor da causa seja de R$ 1 milhão, os honorários dos árbitros seriam compostos por um fator fixo no valor de R$ 20.930,00, podendo chegar ao teto R$ 37.180,00 por incidência de um fator variável.

Já a taxa cobrada pela Camarb para administração do procedimento seria composta de R$ 14.040,00 como fator fixo, podendo chegar a R$ 23.940,00 via fator variável.

---

[213] BRASIL. Câmara de Mediação e Arbitragem Empresarial. *Tabela de honorários da Câmara de Mediação e Arbitragem Empresarial*. Brasília, DF: Camarb, 2019. Disponível em: http://camarb.com.br/wpp/wp-content/uploads/2019/06/20190617-tabela-de-custas-camarb-2019.pdf. Acesso em: 5 fev. 2024.

Figura 13 – Tabela de honorário dos árbitros da câmara da Camarb

TABELA DE CUSTAS CAMARB (2019)*

*Aplicável aos procedimentos arbitrais solicitados a partir de 18/06/2019.

HONORÁRIOS DE ÁRBITROS

Faixa				Fator Fixo	Percentual sobre o que exceder o valor máximo da faixa anterior (%)	Valor máximo de honorários nessa faixa
De		Até				
R$	-	R$	500.000,00	R$ 20.930,00		
R$	500.001,00	R$	1.000.000,00	R$ 20.930,00	3,250	R$ 37.180,00
R$	1.000.001,00	R$	1.500.000,00	R$ 37.180,00	2,470	R$ 49.530,00
R$	1.500.001,00	R$	2.000.000,00	R$ 49.530,00	1,456	R$ 56.810,00
R$	2.000.001,00	R$	5.000.000,00	R$ 56.810,00	0,845	R$ 82.160,00
R$	5.000.001,00	R$	10.000.000,00	R$ 82.160,00	0,780	R$ 121.160,00
R$	10.000.001,00	R$	15.000.000,00	R$ 121.160,00	0,650	R$ 153.660,00
R$	15.000.001,00	R$	20.000.000,00	R$ 153.660,00	0,390	R$ 173.160,00
R$	20.000.001,00	R$	30.000.000,00	R$ 173.160,00	0,195	R$ 192.660,00
R$	30.000.001,00	R$	40.000.000,00	R$ 192.660,00	0,130	R$ 205.660,00
R$	40.000.001,00	R$	50.000.000,00	R$ 205.660,00	0,091	R$ 214.760,00
R$	50.000.001,00	R$	100.000.000,00	R$ 214.760,00	0,065	R$ 247.260,00
R$	100.000.001,00	R$	200.000.000,00	R$ 247.260,00	0,052	R$ 299.260,00
R$	200.000.001,00	R$	500.000.000,00	R$ 299.260,00	0,026	R$ 377.260,00
R$	500.000.001,00	xxx		R$ 455.000,00	0,013	Até o máximo de R$ 650.000

TAXA DE ADMINISTRAÇÃO

Faixa				Fator Fixo	Percentual sobre o que exceder o valor máximo da faixa anterior (%)	Valor máximo de taxa de administração nesta faixa
De		Até				
R$	-	R$	500.000,00	R$ 14.040,00		
R$	500.000,00	R$	1.000.000,00	R$ 14.040,00	1,980	R$ 23.940,00
R$	1.000.001,00	R$	5.000.000,00	R$ 23.940,00	1,170	R$ 70.740,00
R$	5.000.001,00	R$	10.000.000,00	R$ 70.740,00	0,486	R$ 95.040,00
R$	10.000.001,00	R$	15.000.000,00	R$ 95.040,00	0,216	R$ 105.840,00
R$	15.000.001,00	R$	20.000.000,00	R$ 105.840,00	0,162	R$ 113.940,00
R$	20.000.001,00	R$	50.000.000,00	R$ 113.940,00	0,126	R$ 151.740,00
R$	50.000.001,00	R$	100.000.000,00	R$ 151.740,00	0,072	R$ 187.740,00
R$	100.000.001,00	xxx		R$ 187.740,00	0,026	Até o máximo de R$ 360.000

Fonte: Câmara de Mediação e Arbitragem Empresarial – Camarb (2023)

Considerando procedimento arbitral com valor da causa em R$ 1 milhão, somente para ter uma ordem de grandeza, cada árbitro receberia o valor de R$ 20.930,00, com adicional de 15% para o presidente do tribunal arbitral, e a câmara receberia R$ 14.040,00. Sendo o tribunal composto por três árbitros, o custo da câmara e dos árbitros sairia pelo valor total de R$ 80.069,50, o que representaria 8% do valor da causa.

Por outro lado, se o valor da causa fosse de R$ 20 milhões, cada árbitro receberia R$ 153.660,00, com acréscimo de 15% para o presidente do tribunal arbitral, e a câmara receberia R$ 105.840,00 para administrar o procedimento, perfazendo o total de R$ 589.869,00, que seriam equivalentes a algo próximo de 3% do valor da causa.

Já a tabela de honorários da Câmara da Fiesp,[214] considerando o mesmo valor da causa de R$ 1 milhão, teria honorários para todo

---

[214] CÂMARA DE CONCILIAÇÃO, MEDIAÇÃO E ARBITRAGEM. *Tabela de honorários da Federação das Indústrias do Estado de São Paulo*. São Paulo: Câmara de Conciliação,

o tribunal arbitral de R$ 95 mil como fixo, acrescidos de 5% do valor de R$ 500 mil (diferença entre o valor da causa e o valor mínimo da faixa de valores da causa), totalizando R$ 120 mil para dividir entre os três árbitros do tribunal.

Figura 14 – Tabela de honorários dos árbitros da Fiesp

| FAIXA DE VALOR DA CAUSA R$ || HONORÁRIOS DO TRIBUNAL ARBITRAL R$ * ||||
Mínimo	Máximo	Mínimo	Intermediário		Máximo
-	399.999,99	75.000	75.000		75.000
400.000,00	499.999,99	75.000	Mínimo + 20,000%	Diferença	95.000
500.000,00	3.999.999,99	95.000	Mínimo + 5,000%	Diferença	270.000
4.000.000,00	6.999.999,99	270.000	Mínimo + 3,000%	Diferença	360.000
7.000.000,00	10.000.000,00	360.000	Mínimo + 2,500%	Diferença	435.000
10.000.000,00	15.000.000,00	435.000	Mínimo + 2,000%	Diferença	535.000
15.000.000,01	25.000.000,00	535.000	Mínimo + 0,500%	Diferença	585.000
25.000.000,01	150.000.000,00	585.000	Mínimo + 0,250%	Diferença	897.500
150.000.000,01	750.000.000,00	897.500	Mínimo + 0,100%	Diferença	1.497.500
750.000.000,01	1.000.000.000,00	1.497.500	Mínimo + 0,050%	Diferença	1.622.500
> 1.000.000.000,01		1.622.500	Mínimo + 0,050%	Diferença	-

* {(Valor da Causa - Valor mínimo da faixa) x % Intermediário} + Valor mínimo de Honorários de Tribunal Arbitral

Fonte: Federação das Indústrias do Estado de São Paulo (2023)

Já em relação aos valores destinados à câmara da Fiesp pela administração do procedimento seriam de R$ 36 mil fixos, acrescidos de R$ 7,5 mil pelo mesmo método de aplicação de 1,5% sobre a diferença do valor da causa e o piso da faixa do valor da causa, totalizando R$ 43,5 mil de custos de administração da Fiesp, conforme tabela a seguir:

Figura 15 – Tabela de taxa de administração da Fiesp

| FAIXA DE VALOR DA CAUSA R$ || TAXA DE ADMINISTRAÇÃO R$ * ||||
Mínimo	Máximo	Mínimo	Intermediário		Máximo
-	399.999,99	30.000	30.000		30.000
400.000,00	499.999,99	30.000	Mínimo + 6,0000%	Diferença	36.000
500.000,00	4.999.999,99	36.000	Mínimo + 1,5000%	Diferença	103.500
5.000.000,00	50.000.000,00	103.500	Mínimo + 0,1750%	Diferença	182.250
50.000.000,01	120.000.000,00	182.250	Mínimo + 0,1500%	Diferença	287.250
120.000.000,01	950.000.000,00	287.250	Mínimo + 0,0085%	Diferença	357.800
950.000.000,01	1.000.000.000,00	357.800	Mínimo + 0,0044%	Diferença	360.000
> 1.000.000.000,01		360.000	360.000		360.000

* {(Valor da Causa - Valor mínimo da faixa) x % Intermediário} + Valor mínimo da Taxa de Administração

Fonte: Federação das Indústrias do Estado de São Paulo (2023)

Mediação e Arbitragem, 2022. Disponível em: https://www.camaradearbitragemsp.com.br/pt/arbitragem/tabela-custas.html. Acesso em: 5 fev. 2024.

O custo total da arbitragem, considerando os honorários do tribunal arbitral de R$ 120 mil e os R$ 43,5 mil da administração do procedimento, perfaz o total geral de R$ 163,5 mil para o procedimento arbitral com valor da causa de R$ 1 milhão, equivalentes a 16,35% do valor da causa.

Se considerarmos um procedimento arbitral com valor da causa de R$ 20 milhões, a tabela de honorários arbitrais da Fiesp indica valor fixo para o tribunal de R$ 535 mil, acrescidos de 0,5% do valor que superar o piso da faixa, de R$ 15 milhões, perfazendo o valor variável de R$ 25 mil e total de R$ 560 mil para honorários do tribunal arbitral.

Em relação à taxa de administração da câmara para uma causa no valor de R$ 20 milhões, o valor fixo seria de R$ 103,5 mil, enquanto o percentual variável seria definido pela incidência de 0,175% no que superar o piso da faixa, que é R$ 5 milhões, que perfaz o valor variável de R$ 26.250,00, totalizando taxa de administração de R$ 129.750,00.

O custo total de uma arbitragem na câmara da Fiesp, considerando honorários arbitrais de R$ 560 mil e taxas de administração da câmara de R$ 129.750,00, seria equivalente a R$ 689.750,00, equivalentes a 4,6% do valor da causa.

Importante destacar que, além dos custos com a câmara, haveria despesa de cada parte com advogados e perícia, o que também ocorreria no âmbito do Judiciário.

Da análise dos números apresentados, é possível verificar que o aumento do valor da causa faz com que os custos da arbitragem tenham redução de peso proporcional, visto que o percentual avaliado nas duas câmaras diminuiu quando comparamos custos variando entre 8 e 16% para causas de R$ 1 milhão, bem como variando entre 3 e 4,6% do valor da causa para causas de R$ 20 milhões.

A redução dos custos proporcionais conforme aumento do valor da causa parece fazer sentido, pois os custos de administração tendem a não sofrer majoração conforme aumento do valor da causa, logicamente aumentando a responsabilidade de todos os envolvidos no processo arbitral, quer sejam árbitros ou administradores da câmara arbitral.

Importante destacar que há certo paradigma entre a redução dos valores dos custos dos procedimentos arbitrais, o que poderia permitir mais utilização do instrumento, com a possibilidade de haver atratividade para os maiores especialistas dos temas atuarem como árbitro, já que, a depender dos valores oferecidos pelas tabelas, seria possível inferir que muitos dos árbitros renomados que hoje atuam perderiam o interesse em continuar.

Então, o desafio que se impõe é buscar identificar melhor o ponto ótimo entre os valores mínimos que seriam atrativos para os árbitros especialistas continuarem tendo interesse em dedicar seu tempo para as arbitragens, em contraponto ao equilíbrio em ter respeitados os valores máximos que permitam um maior acesso ao uso do instituto, definição essa que não é escopo do presente trabalho.

Desse modo, em relação aos desafios apresentados para a implementação efetiva da arbitragem na área de obras públicas contratadas e executadas com recursos federais, não há óbice para que o instituto seja usado, mesmo havendo potenciais melhorias que clarifiquem e enderecem melhor os possíveis entraves.

CONCLUSÃO

Após discorrer sobre os desafios para a conclusão de contratos celebrados para a execução de obras públicas com recursos federais no Brasil, ressaltando que os recursos federais possuem grande relevância para os demais entes da federação, já que muitos municípios, por exemplo, não possuem orçamento próprio que permita a realização dos investimentos necessários para garantir o nível mínimo aceitável de prestação de serviço público para os munícipes daquela localidade, é possível afirmar que a inexecução dos contratos de obras públicas tem um impacto significativo na vida das pessoas, por inviabilizar a prestação de serviços públicos que motivou a decisão de realizar os investimentos até então não concretizados.

Muitas vezes o município depende de repasses de outros entes, não somente para a construção das obras, mas também para a aquisição de equipamentos e contratação de pessoal para que haja funcionalidade da obra realizada mediante convênio ou outro instrumento de repasse. Ocorre que há caso de obras paralisadas em decorrência da indisponibilidade de recursos, por parte de municípios, para fazer frente à contrapartida pactuada na avença, demonstrando a situação de fragilidade entre os entes federados.

Além disso, o panorama de execução e paralisação das obras públicas federais demonstra que o problema não está restrito a regiões específicas do país, mas sim é identificado em todo o território nacional, com quantidades de contratos paralisados expressiva e, também, com valores contratados e paralisados de elevada materialidade.

Para fins de identificação das causas das paralisações dos contratos celebrados para execução de obras públicas federais, foram analisados três diferentes trabalhos realizados pelo Tribunal de Contas da União, um estudo da Controlaria-Geral da União, uma pesquisa feita pela Associação dos Tribunais de Contas do Brasil e um estudo elaborado pela Câmara Nacional da Indústria da Construção.

A disponibilidade de maior quantidade de publicações sobre o tema no âmbito dos órgãos de controle indica que as obras paralisadas atendem aos critérios de seleção de temas para auditoria, internacionalmente estabelecidos: materialidade, risco e relevância.

Os trabalhos do Tribunal de Contas da União foram realizados com metodologias distintas, contemplando solicitação de informações aos gestores, indicando a causa da paralisação da obra, visita nos locais de execução dos contratos para validação das causas das paralisações e pesquisas em sistemas oficiais dos órgãos gestores dos contratos de obras públicas, selecionados com base na própria existência de sistema que possuísse metadados indicando as causas da paralisação da execução dos contratos por eles geridos.

Já os trabalhos da Controlaria-Geral da União e da Câmara Brasileira da Indústria da Construção corroboraram as conclusões em relação às principais causas identificadas pelo Tribunal de Contas da União, mesmo que com algumas nomenclaturas diferentes e diante das dificuldades enfrentadas em todos os trabalhos em relação ao acesso e disponibilidade das informações sobre a real situação do andamento de cada contrato; no caso de a situação indicada do sistema gestor ser a de uma "obra paralisada", dependeria ainda de haver informações adicionais permitindo o aprofundamento do assunto e a identificação da causa da paralisação.

Mesmo nos sistemas que permitiam tal aprofundamento, foi demonstrado que quantidade significativa de obras tinha a indicação de causas genéricas, que não seriam as reais causas das paralisações, como "outros", "abandono da empresa" e "rescisão contratual", o que dificultou ainda mais a verificação das reais causas das paralisações.

Apesar disso, a adoção de variadas metodologias para buscar as causas nos diferentes trabalhos bem como a pesquisa realizada em outras fiscalizações de obras públicas, mas não específicas sobre obras paralisadas, permitiram constatação dos principais problemas identificados nas obras púbicas, viabilizando correlacionar tais problemas com os impactos esperados por eles, quais sejam as paralisações das obras.

A consolidação das irregularidades identificadas ao longo de dez anos de fiscalizações do Tribunal de Contas da União corrobora que a principal causa das paralisações dos contratos de obras públicas federais é a deficiência dos projetos básicos, que seguramente seria um problema técnico, fortalecendo a identificação do real motivo da paralisação dos contratos. Outra irregularidade com grande recorrência foi sobrepreço por preços acima dos referenciais de mercado.

No último estudo realizado pelo Tribunal de Contas da União, foram identificados mais de 8.000 contratos celebrados para execução de obras públicas que acabaram paralisados e não atenderam à finalidade pública pretendida quando da decisão da realização do investimento de recursos humanos e financeiros para a sua consecução.

Repisa-se: *uma obra pública não tem um fim em si mesma*, mas é um meio para que haja a concretização de variadas políticas públicas necessárias e de interesse da sociedade.

As principais causas das paralisações foram identificadas como sendo a ocorrência de problemas técnicos, contemplando notadamente a deficiência dos projetos que deram suporte à contratação, e problemas orçamentários e financeiros, em especial a não concretização de repasses federais pactuados para os entes estaduais e municipais executarem os investimentos planejados, ou mesmo a indisponibilidade de recursos dos estados e municípios para fazer face à contrapartida estabelecida com a União para realização dos objetos das transferências voluntárias.

Outros estudos corroboram que as causas identificadas pelo Tribunal de Contas da União nos trabalhos realizados em 2019, 2022 e 2023, a exemplo do levantamento realizado pela Controladoria-Geral da União e da pesquisa feita pela Câmara Brasileira da Indústria da Construção do Brasil indicam basicamente as mesmas causas de paralisação.

Após verificar que problemas de deficiência de projetos influenciam sobremaneira na paralisação das obras públicas federais, houve análise do endereçamento legal pretendido pela Nova Lei de Licitações, que passou a adotar o planejamento como princípio, mas também indicou a necessidade de ações concretas para que o planejamento seja melhorado, como a realização de sondagens, utilização da modelagem BIM e, ainda, a previsão da possibilidade de adoção dos métodos alternativos de solução de controvérsias para solucionar problemas que não foram mitigados pela melhoria do processo de planejamento estatuído no novo diploma legal.

É dizer, mesmo que haja melhoria do planejamento, incertezas são inerentes ao processo construtivo e é previsível que problemas ainda assim irão ocorrer ao longo da execução dos contratos de obras públicas.

O diferencial trazido pela Nova Lei de Licitações é justamente trazer um outro prisma para que as soluções sejam identificadas, por meio de métodos alternativos de solução de controvérsias, a saber: mediação, conciliação *dispute board* e arbitragem, o objeto do presente trabalho.

Ademais, a melhoria do processo de planejamento contempla estudar as alternativas previstas na própria lei para endereçar os caminhos que podem ser usados para solucionar as futuras controvérsias, pois um bom planejamento seguramente contemplaria a avaliação de quais métodos de solução de controvérsias seriam os mais adequados para a realidade do contrato a ser realizado.

Após constatadas as principais causas das paralisações dos contratos firmados pela administração pública para a execução de obras, passou a ser relevante verificar se a administração pública poderia utilizar a arbitragem em contratos de obras públicas e, em caso afirmativo, se haveria arbitrabilidade das causas das paralisações, ou seja, se os conflitos ensejados pelas causas das paralisações poderiam ser resolvidos por meio de arbitragem.

Nesse sentido, foi constatada arbitrabilidade objetiva e a arbitrabilidade subjetiva das causas principais das paralisações dos contratos de obras públicas.

Em relação à arbitrabilidade objetiva, o texto da lei de arbitragem passou a prever expressamente a possibilidade de administração pública adotar o instituto da arbitragem nos seus editais e contratos a serem celebrados pela administração pública, justamente buscando superar o até então vigente debate acadêmico e doutrinário sobre tal possibilidade, inclusive no âmbito do Tribunal de Contas da União.

Atualmente, há ainda a previsão da Nova Lei de Licitações, que também trouxe a previsão de uso da arbitragem nos contratos a serem firmados com base do novel diploma.

Sobre arbitrabilidade subjetiva, também restou demonstrado que as causas de paralisação de contratos de obras públicas federais, a exemplo de questões técnicas, deficiência de projetos básicos, superfaturamento, ou mesmo causas orçamentárias e financeiras, como não alocação da contrapartida, estão contempladas dentro dos direitos patrimoniais disponíveis, o que significa dizer que podem compor o rol de possibilidades do uso da arbitragem nos editais e contratos celebrados pela administração pública, ressaltando que muitos dos aspectos acabam por ensejar discussões sobre reequilíbrios econômicos financeiros, indenizações ou mesmo inadimplementos contratuais, que são justamente os exemplos trazidos pela Nova Lei de Licitações.

Assim, não somente seria possível a utilização da arbitragem pela administração pública, mas também seria possível usar o instituto em contratos celebrados para a execução de obras públicas e, ainda, aditivar os novos contratos que não trouxeram tal previsão, já que a lei expressamente passou a prever tal possibilidade.

Além da verificação da possibilidade de uso da arbitragem nos contratos de obras públicas federais, considerando tanto os aspectos da arbitrabilidade objetiva quanto da arbitrabilidade subjetiva, foi constatada a existência de interesse público para que o instituto passe a ser usado pela administração pública nos seus futuros contratos celebrados para execução de obras públicas.

Logicamente, para que o instituto seja usado, faz-se relevante que o gestor responsável pela tomada de decisão avalie a pertinência em cada caso concreto, buscando aprendizado da própria administração pública, bem como uma alocação mais eficiente dos recursos humanos que gerenciam as contratações públicas dentro de cada órgão e entidade, especialmente diante de cenário recente de mudanças profundas na legislação que rege as contratações públicas, notadamente em função da aprovação da Nova Lei de Licitações.

A constatação da presença de interesse público para adoção na arbitragem em contratos de obras públicas não significa que o instituto deve ser adotado em todos os contratos de tal natureza e de modo imediato.

Por outro lado, deixar de utilizar arbitragem por inércia, como pode ter ocorrido quando da inclusão expressa da possibilidade de uso da arbitragem em contratos celebrados com base na Lei do Regime Diferenciado de Contratações Públicas, já que não foram identificados contratos celebrados por meio de RDC contendo tal previsão, acabaria por não usufruir dos potenciais benefícios que o instituto pode trazer para a sociedade, como tem ocorrido no outro ramo de provimento de infraestrutura, como nos contratos de concessão de serviços públicos, mitigando também a paralisação daqueles celebrados para executar obras públicas.

Sobre o uso da arbitragem estar vinculado e só ocorrer quando os direitos em controvérsia forem patrimoniais disponíveis, restou também evidenciado que a disponibilidade do direito patrimonial não prejudica a indisponibilidade do interesse público, já que em muitos casos o interesse público estará justamente na disposição do direito patrimonial.

Depois de confirmado que a arbitragem pode ser usada pela administração pública federal nos contratos de obras públicas, notadamente no que tange às controvérsias que possuem conexão com as principais causas de paralisação dos contratos, houve análise comparativa de como estão ocorrendo as arbitragens nos contratos de concessão de serviços públicos, outro ramo de provimento de infraestrutura que já possui experiência com a adoção do instituto.

Considerando números gerais do Conselho Nacional de Justiça, da Federação das Indústrias da Construção do Estado de São Paulo e do Canal Arbitragem, foi possível constatar que as arbitragens reduzem o prazo de resolução das controvérsias, sendo mais céleres do que os julgamentos via justiça estatal, bem como que a administração pública não tem saído perdedora majoritária das demandas arbitrais, muito pelo contrário.

Além da celeridade processual, foi verificado que a possibilidade de temas de alta complexidade serem julgados por árbitros especialistas, que não possuem o estoque de milhares de processos como no Poder Judiciário, constitui diferencial relevante.

Sobre a possibilidade de sentença anulatória, destaca-se que muitos dos casos não são judicializados e, dos casos judicializados, o percentual de nulidade de sentenças arbitrais não ultrapassa vinte por cento.

Em relação aos custos dos procedimentos arbitrais, que não são baixos, há paradigma importante a ser enfrentado, qual seja reduzir o custo das arbitragens, permitindo que mais procedimentos ocorram, sem perder de vista que a redução dos honorários dos árbitros pode fazer com que grandes especialistas deixem de se interessar por assumir tamanha responsabilidade de compor tribunais arbitrais, em detrimento de outras atividades que poderia exercer. Assim, a redução dos custos para aumentar o acesso não pode fazer com que deixe de haver atratividade para os árbitros especialistas, o que afetaria uma das vantagens da adoção do procedimento arbitral, não sendo uma equação trivial.

Sobre o risco de o árbitro não ser imparcial, a materialização desse risco poderia gerar nulidade de sentença arbitral, o que foi visto como pouco frequente. Nem mesmo as impugnações dos árbitros são um problema, já que muitos árbitros renunciam após a impugnação, em nome da celeridade, bem como que existem parâmetros de conflito de interesse da *International Bar Association*, o que tem contribuído para apenas 0,6% de casos em andamento com impugnações acolhidas.

Ressalta-se que tais riscos podem ocorrer igualmente no Poder Judiciário, bem como que o mercado arbitral teria o potencial de ser autolimpante, já que árbitros que produzirem decisões claramente contra o direito, no âmbito de processos que envolvam a administração pública e terão sentenças publicizadas, dificilmente gozarão da confiança das partes para que sejam indicados em futuros novos procedimentos e, caso sejam, tendem a ser impugnados pela outra parte.

Desse modo, é possível concluir que há amparo legal para que a administração pública adote o método alternativo de solução de controvérsias nos editais e contratos que envolvem obras públicas federais; as principais causas de paralisação de obras públicas podem ser objeto de arbitragem; os benefícios do uso da arbitragem no ramo da infraestrutura de concessões de serviços públicos podem ser experimentados na área de obras públicas, com decisões mais céleres, elaboradas por especialistas; e os desafios para efetiva implementação da arbitragem nos contratos de obras públicas federais, como o risco de não haver imparcialidade do árbitro e os custos da arbitragem, apesar de poderem ser objeto de aprimoramento, não estão sendo inibidores da utilização nos contratos de concessão de serviços públicos, já que os números indicam que poucas impugnações de árbitros e sentenças anulatórias têm prosperado, bem como que os custos dos procedimentos arbitrais diminuem proporcionalmente com o aumento do valor da causa, indicando menor impacto em contratos de elevada materialidade, como ocorre na área de infraestrutura, quer seja em concessões de serviços públicos, quer seja em obras públicas.

Ou seja, foi confirmada a hipótese no sentido de que o uso da arbitragem para solução de controvérsias nos contratos de obras públicas executadas com recursos federais aumentará a quantidade de objetos efetivamente executados e entregues, bem como diminuirá a quantidade de obras paralisadas.

Por fim, surge inspiração para futura investigação sobre o possível impacto da adoção da arbitragem no aumento da competição dos certames que envolvam a contratação de obras públicas federais, uma vez que a insegurança jurídica trazida pela ausência de mecanismos eficientes decisórios quando da ocorrência de controvérsias, previsíveis em objetos complexos da área de engenharia, poderia estimular e fazer com que novos entrantes passassem a disputar contratos nas licitações de obras públicas, especialmente sabendo que eventuais controvérsias poderiam ser dirimidas via arbitragem, usufruindo dos benefícios indicados no presente trabalho.

De igual modo, futuras investigações podem analisar o uso do *dispute board* como mecanismo de solução de controvérsias em contratos de obras públicas, ou mesmo do instituto da mediação, ou, ainda, do uso combinado de mediação e arbitragem em um mesmo contrato, alternativas que com maior maturidade serão mais bem utilizadas pelos gestores públicos.

REFERÊNCIAS

ALEXY, Robert. *Teoria dos direitos fundamentais*. Trad. de Virgílio Afonso da Silva da 5. ed. alemã Theorie der Grundrechte. 2. ed. São Paulo: Malheiros, 2011.

ALTOUNIAN, Cláudio Sarian. *Obras públicas*: licitação, contratação, fiscalização e utilização. 5. ed. Belo Horizonte: Fórum, 2016.

BARBOSA, Jandeson da Costa. Aspectos hermenêuticos da nova Lei de Licitações e Contratos Administrativos. *Revista do Tribunal de Contas da União*, Brasília, DF, ano 52, n. 147, 2021. Disponível em: https://revista.tcu.gov.br/ojs/index.php/RTCU/article/view/1695/1835. Acesso em: 25 jan. 2024.

BARBOSA, Jandeson da Costa. *O interesse público constitucional*: numa formulação à luz de pressupostos teóricos, contextos e fatos no âmbito dos direitos fundamentais. Porto Alegre: Livraria do Advogado, 2021.

BARROSO, Luís Roberto. Neoconstitucionalismo e Constitucionalização do Direito. *Revista Direito Administrativo*, Rio de Janeiro, v. 240, p. 1-42, abr./jun. 2005. Disponível em: https://periodicos.fgv.br/rda/article/view/43618/44695. Acesso em: 2 fev. 2024.

BRAGA NETO, Adolfo. *Negociação, mediação, conciliação e arbitragem*. 5. ed. Rio de Janeiro: Forense, 2023.

BRASIL. [Constituição (1988)]. *Constituição da República Federativa do Brasil de 1988*. Brasília, DF: Presidência da República, [2023]. Disponível em: https://planalto.gov.br/ccivil_03/constituicao/constituicao.htm. Acesso em: 1 jan. 2017.

BRASIL. Advocacia-Geral da União. *Estatísticas de Atuação*. Brasília, DF: AGU, 2023. Disponível em: https://www.gov.br/agu/pt-br/composicao/cgu/cgu/neadir/estatisticas-de-atuacao-old. Acesso em: 4 fev. 2024.

BRASIL. Advocacia-Geral da União. *Núcleo Especializado em Arbitragem*: casos de arbitragem. Brasília, DF: AGU, [20--?]. Disponível em: https://www.gov.br/agu/pt-br/composicao/cgu/cgu/neadir/casos-de-arbitragem-2. Acesso em: 4 fev. 2024.

BRASIL. Advocacia-Geral da União. *Portaria Normativa 75, de 23 de dezembro de 2022*. Brasília, DF: AGU, 2022. Disponível em: https://www.gov.br/agu/pt-br/composicao/cgu/cgu/neadir/arquivos/portaria-normativa-agu-no-75-de-23-de-dezembro-de-2022-dispoe-sobre-a-competencia-a-estrutura-e-o-funcionamento-do-nea.pdf/@@download/file. Acesso em: 4 fev. 2024.

BRASIL. Advocacia-Geral da União. *Portaria 226, de 26 de julho de 2018*. Brasília, DF: AGU, 2018. Disponível em: https://www.gov.br/agu/pt-br/composicao/cgu/cgu/neadir/arquivos/180726_portaria_agu_226_de_26_de_julho_de_2018_-_instituicao_nea-sp.pdf. Acesso em: 4 fev. 2024.

BRASIL. Agência Nacional de Transportes Terrestres. *Informações gerais*: concessões rodoviárias federais. Brasília, DF: ANTT, [20--]. Disponível em: https://www.gov.br/antt/pt-br/assuntos/rodovias/informacoes-gerais. Acesso em: 4 fev. 2024.

BRASIL. Agência Nacional de Transportes Terrestres. *Procedimento arbitral 23932/2018*: sentença parcial de mérito, julgamento em 17 nov. 2021. Brasília, DF: ANTT, 2021. p. 86-88. Disponível em: https://portal.antt.gov.br/documents/2599342/2596913/211117+-+TRIBUNAL+-+Senten%C3%A7a+Parcial.pdf/af3167e7-7f31-b6a9-b218-f09bc128aba0?version=1.0&t=1650456520620. Acesso em: 4 fev. 2024.

BRASIL. Agência Nacional de Transportes Terrestres. *Procedimento arbitral 25572/2020*: Sentença de mérito, julgamento em 16 maio 2023. Brasília, DF: ANTT, 2023. p. 284-285. Disponível em: https://portal.antt.gov.br/documents/2599342/2643773/230516+-+Senten%C3%A7a+Arbitral+Final.pdf/1dacf0ee-98e5-ad72-7093-c4a36a98ef87?version=1.0&t=1688493857877. Acesso em: 4 fev. 2024.

BRASIL. *Anexo VI. Lei Orçamentária Anual de 2023*. Lei nº 14.535, de 17 de janeiro de 2023. Brasília, DF: Presidência da República, 2023. Disponível em: https://www.planalto.gov.br/ccivil_03/_ato2023-2026/2023/lei/Anexo/Lei14535.pdf. Acesso em: 17 jan. 2024.

BRASIL. Câmara Brasileira da Indústria da Construção. *Impacto econômico e social da paralisação das obras públicas*. São Paulo: CBIC, 2018. p. 15. Disponível em: https://cbic.org.br/wp-content/uploads/2018/06/Impacto_Economico_das_Obras_Paralisadas.pdf. Acesso em: 21 jan. 2024.

BRASIL. Câmara Brasileira da Indústria da Construção. *Novo Programa de Aceleração de Crescimento e Principais Desafios*. Brasília, DF: CBIC, 2023. p. 7. Disponível em: https://brasil.cbic.org.br/acervo-coinfra-publicacao-novo-pac-e-principais-desafios. Acesso em: 27 jan. 2024.

BRASIL. Câmara Brasileira da Indústria da Construção. *O labirinto das obras públicas*. São Paulo: CBIC, 2023. p. 12. Disponível em: https://cbic.org.br/wp-content/uploads/2020/06/labirinto_CBIC.pdf. Acesso em: 22 out. 2023.

BRASIL. Câmara Brasileira de Indústria da Construção. *Obras públicas paralisadas*: diagnóstico e propostas. São Paulo: CBIC, 2023. Disponível em: https://brasil.cbic.org.br/acervo-coinfra-publicacao-obras-publicas-paralisadas-no-brasil-diagnostico-e-propostas. Acesso em: 17 jan. 2024.

BRASIL. Câmara de Mediação e Arbitragem Empresarial. *Procedimento arbitral A-304/2020*: sentença de mérito, julgamento em 9 fev. 2022. Disponível mediante requerimento à Camarb.

BRASIL. Câmara de Mediação e Arbitragem Empresarial. *Tabela de honorários da Câmara de Mediação e Arbitragem Empresarial – Camarb*. Brasília, DF: Camarb, 2019. Disponível em: http://camarb.com.br/wpp/wp-content/uploads/2019/06/20190617-tabela-de-custas-camarb-2019.pdf. Acesso em: 5 fev. 2024.

BRASIL. Câmara dos Deputados. Principal motivo de paralisação de obras está em projetos mal elaborados, diz governo. 18 jun. 2021. *Agência Câmara de Notícias*, [Brasília, DF], 18 jun. 2021. Disponível em: https://www.camara.leg.br/noticias/774751-principal-motivo-de-paralisacao-de-obras-esta-em-projetos-mal-elaborados-diz-governo/. Acesso em: 2 fev. 2024.

BRASIL. Câmara dos Deputados. *Projeto de Lei nº 9.883/2018*. Brasília, DF: Câmara dos Deputados, 2018. Disponível em: https://www.camara.leg.br/proposicoesWeb/fichadetramitacao?idProposicao=2170449. Acesso em: 25 jan. 2024.

BRASIL. *Código de Processo Civil. Lei nº 13.105, de 16 de março de 2015*. Brasília, DF: Presidência da República. Disponível em: https://www.planalto.gov.br/ccivil_03/_ato2015-2018/2015/lei/l13105.htm. Acesso em: 4 fev. 2024.

BRASIL. Conselho Nacional de Justiça. 2020. Destrava vai retomar obras paralisadas. *Agência CNJ de Notícias*, [Brasília, DF], 17 fev. 2020. Disponível em: https://www.cnj.jus.br/destrava-vai-retomar-obras-paralisadas/. Acesso em: 21 jan. 2024.

BRASIL. Conselho Nacional de Justiça. *Diagnóstico sobre obras paralisadas*. Brasília, DF: CNJ, 2019. Disponível em: https://www.cnj.jus.br/wp-content/uploads/2019/11/relatorio_obras_paralisadas-1.pdf. Acesso em: 21 jan. 2024.

BRASIL. *Constituição Política do Império do Brasil de 1824*. Brasília, DF: Presidência da República, [20--]. Disponível em: https://www.planalto.gov.br/ccivil_03/constituicao/constituicao24.htm. Acesso em: 11 jan. 2024.

BRASIL. Controladoria-Geral da União. *Levantamento de obras paralisadas*: dezembro/2019: relatório de avaliação. Brasília, DF: CNU, 2019. Disponível em: https://eaud.cgu.gov.br/relatorios/download/900153.

BRASIL. Corte Internacional de Arbitragem da Câmara de Comércio Internacional. *Procedimento arbitral 23433/2018*: sentença parcial de mérito, julgamento em 10 set. 2020. Brasília, DF: Corte Internacional de Arbitragem da Câmara de Comércio Internacional, 2020. Disponível em: https://www.gov.br/agu/pt-br/composicao/cgu/cgu/neadir/arquivos/caso-galvao-icc-23433-sentenca-arbitral-parcial.pdf. Acesso em: 4 fev. 2024.

BRASIL. *Decreto nº 10.306, de 2 de abril de 2020*. Estabelece a utilização do Building Information Modelling na execução direta ou indireta de obras e serviços de engenharia realizada pelos órgãos e pelas entidades da administração pública federal, no âmbito da Estratégia Nacional de Disseminação do Building Information Modelling – Estratégia BIM BR, instituída pelo Decreto nº 9.983, de 22 de agosto de 2019. Brasília, DF: Presidência da República, 2020. Disponível em: https://www.planalto.gov.br/ccivil_03/_ato2019-2022/2020/decreto/D10306.htm. Acesso em: 25 jan. 2024.

BRASIL. *Decreto nº 10.496, de 28 de setembro de 2020*. Institui o Cadastro Integrado de Projetos de Investimento. Brasília, DF: Presidência da República, 2020. Disponível em: https://www.planalto.gov.br/ccivil_03/_Ato2019-2022/2020/Decreto/D10496.htm. Acesso em: 17 jan. 2024.

BRASIL. *Decreto nº 11.272, 17 de maio de 2022*. Altera o Decreto nº 10.496, de 28 de setembro de 2020, que institui o Cadastro Integrado de Projetos de Investimento. Brasília, DF: Presidência da República, 2022. Disponível em: http://www.planalto.gov.br/ccivil_03/_ato2019-2022/2022/decreto/D11272.htm#:~:text=D11272&text=Altera%20o%20Decreto%20n%C2%BA%2010.496,vista%20o%20disposto%20no%20art. Acesso em: 28 jan. 2024.

BRASIL. *Decreto-Lei nº 4.657, de 4 de setembro de 1942*. Lei de Introdução às normas do Direito Brasileiro. Brasília, DF: Presidência da República, [20--]. Disponível em: https://www.planalto.gov.br/ccivil_03/decreto-lei/del4657compilado.htm. Acesso em: 25 jan. 2024.

BRASIL. Departamento Nacional de Infraestrutura de Transportes. *Especificação de Serviço – ES*. Brasília, DF: Departamento Nacional de Infraestrutura de Transportes, [20--]. Disponível em: https://www.gov.br/dnit/pt-br/assuntos/planejamento-e-pesquisa/ipr/coletanea-de-normas/coletanea-de-normas/especificacao-de-servico-es. Acesso em: 1 fev. 2024.

BRASIL. Federação Brasileira da Industria da Construção do Estado de São Paulo. Câmara de Conciliação, Mediação e arbitragem. *Números da Câmara 2022*. São Paulo: CIESP, 2022. Disponível em: https://www.camaradearbitragemsp.com.br/pt/res/docs/20220822-estatisticas-2022-serv-e-atuacao.pdf. Acesso em: 4 fev. 2024.

BRASIL. *Lei Complementar 101, de 4 de maio de 2000*. Estabelece normas de finanças públicas voltadas para a responsabilidade na gestão fiscal e dá outras providências. Brasília, DF: Presidência da República, 2000. Disponível em: https://www.planalto.gov.br/ccivil_03/leis/lcp/lcp101.htm. Acesso em: 11 jan. 2024.

BRASIL. *Lei nº 8.666, de 21 de junho de 1993*. Regulamenta o art. 37, inciso XXI, da Constituição Federal, institui normas para licitações e contratos da Administração Pública e dá outras providências. Brasília, DF: Presidência da República, 1993. Disponível em: https://www.planalto.gov.br/ccivil_03/leis/l8666cons.htm. Acesso em: 19 jan. 2024.

BRASIL. *Lei nº 8.987, de 13 de fevereiro de 1995*. Dispõe sobre o regime de concessão e permissão da prestação de serviços públicos previsto no art. 175 da Constituição Federal, e dá outras providências. Brasília, DF: Presidência da República, 1995. Disponível em: https://www.planalto.gov.br/ccivil_03/leis/l8987cons.htm. Acesso em: 21 out 2023.

BRASIL. *Lei nº 9.307, de 23 de setembro de 1996*. Dispõe sobre a arbitragem. Brasília, DF: Presidência da República, 1996. Disponível em: https://www.planalto.gov.br/ccivil_03/leis/l9307.htm. Acesso em: 21 out. 2023.

BRASIL. *Lei nº 11.079, de 30 de dezembro de 2004*. Institui normas gerais para licitação e contratação de parceria público-privada no âmbito da administração pública. Brasília, DF: Presidência da República, 1996. Disponível em: https://www.planalto.gov.br/ccivil_03/_ato2004-2006/2004/lei/l11079.htm. Acesso em 24 out. 2023.

BRASIL. *Lei nº 12.462, de 4 de agosto de 2011*. Institui o Regime Diferenciado de Contratações Públicas – RDC; altera a Lei nº 10.683, de 28 de maio de 2003, que dispõe sobre a organização da Presidência da República e dos Ministérios, a legislação da Agência Nacional de Aviação Civil (Anac) e a legislação da Empresa Brasileira de Infraestrutura Aeroportuária (Infraero); cria a Secretaria de Aviação Civil, cargos de Ministro de Estado, cargos em comissão e cargos de Controlador de Tráfego Aéreo; autoriza a contratação de controladores de tráfego aéreo temporários; altera as Leis nºs 11.182, de 27 de setembro de 2005, 5.862, de 12 de dezembro de 1972, 8.399, de 7 de janeiro de 1992, 11.526, de 4 de outubro de 2007, 11.458, de 19 de março de 2007, e 12.350, de 20 de dezembro de 2010, e a Medida Provisória nº 2.185-35, de 24 de agosto de 2001; e revoga dispositivos da Lei nº 9.649, de 27 de maio de 1998. Brasília, DF: Presidência da República, 2011. Disponível em: https://www.planalto.gov.br/ccivil_03/_ato2011-2014/2011/lei/l12462.htm. Acesso em: 21 out. 2023.

BRASIL. *Lei nº 13.105, de 16 de março de 2015*. Código de Processo Civil. Brasília, DF: Presidência da República, 2015. Disponível em: https://www.planalto.gov.br/ccivil_03/_ato2015-2018/2015/lei/l13105.htm. Acesso em: 20 jan. 2024.

BRASIL. *Lei nº 13.448, de 5 de junho de 2017*. Estabelece diretrizes gerais para prorrogação e relicitação dos contratos de parceria definidos nos termos da Lei nº 13.334, de 13 de setembro de 2016, nos setores rodoviário, ferroviário e aeroportuário da administração pública federal, e altera a Lei nº 10.233, de 5 de junho de 2001, e a Lei nº 8.987, de 13 de fevereiro de 1995. Brasília, DF: Presidência da República, 2017. Disponível em: http://www.planalto.gov.br/ccivil_03/_ato2015-2018/2017/lei/l13448.htm. Acesso em: 23 out. 2023.

BRASIL. *Lei nº 14.133, de 1º de abril de 2021*. Lei de Licitações e Contratos Administrativos. Brasília, DF: Presidência da República, 2021. Disponível em: https://www.planalto.gov.br/ccivil_03/_ato2019-2022/2021/lei/l14133.htm. Acesso em: 21 out. 2023.

REFERÊNCIAS

BRASIL. *Lei nº 14.791, de 29 de dezembro de 2023*. Dispõe sobre as diretrizes para a elaboração e a execução da Lei Orçamentária de 2024 e dá outras providências. Brasília, DF: Presidência da República, 2023. Disponível em: https://www.planalto.gov.br/ccivil_03/_ato2023-2026/2023/lei/L14791.htm#:~:text=LEI%20N%C2%BA%2014.791%2C%20DE%20 29%20DE%20DEZEMBRO%20DE%202023&text=Disp%C3%B5e%20sobre%20as%20 diretrizes%20para,2024%20e%20d%C3%A1%20outras%20provid%C3%AAncias. Acesso em: 17 jan. 2024.

BRASIL. Ministério da Fazenda. Receita Federal do Brasil. *Carga Tributária no Brasil 2022*: análise por tributos e base de incidência. Brasília, DF: Ministério da Fazenda, 2023. p. 3. Disponível em: https://www.gov.br/receitafederal/pt-br/centrais-de-conteudo/publicacoes/estudos/carga-tributaria/carga-tributaria-no-brasil-2022#:~:text=Em%202022%2C%20a%20 Carga%20Tribut%C3%A1ria,nos%20tr%C3%AAs%20n%C3%ADveis%20de%20governo2. Acesso em: 19 jan. 2024.

BRASIL. Rede Integrar. Regimento Interno. *Portaria Conjunta 4, de 02 de setembro de 2021*. [S. l.]: Rede Integrar, 2021. Disponível em: https://irbcontas.org.br/wp-admin/admin-ajax.php?juwpfisadmin=false&action=wpfd&task=file.download&wpfd_category_id=1863&wpfd_file_id=20683&token=&preview=1. Acesso em: 28 jan. 2024.

BRASIL. Superior Tribunal de Justiça. *RE nº 904.813/PR*, julgado em 20 de outubro de 2011, Ministra Nancy Andrighi. Brasília, DF: Superior Tribunal de Justiça, 2011. Disponível em: https://ww2.stj.jus.br/websecstj/cgi/revista/REJ.exe/ITA?seq=1099244&tipo=0&nreg=200600381112&SeqCgrmaSessao=&CodOrgaoJgdr=&dt=20120228&formato=PDF&salvar=false. Acesso em: 2 fev. 2024.

BRASIL. Superior Tribunal de Justiça. *RE 1251647/PR*, julgado em 17 de fevereiro de 2014, Ministro Relator Benedito Gonçalves. Brasília, DF: Superior Tribunal de Justiça, 2014. Disponível em: https://www.stj.jus.br/websecstj/cgi/revista/REJ.cgi/MON?seq=33838101&tipo=0&nre. Acesso em: 2 fev. 2024.

BRASIL. Supremo Tribunal Federal. *Agravo de Instrumento 52.181*. Relator: Bilac Pinto, Tribunal Pleno, julgado em 14/11/1973. Brasília, DF: Superior Tribunal Federal, 1973. Disponível em: https://redir.stf.jus.br/paginadorpub/paginador.jsp?docTP=AC&docID=22084. Acesso em: 10 jan. 2024.

BRASIL. Supremo Tribunal Federal. *MS 11.308/DF*, julgado em 9 de abril de 2008, Primeira Seção, Ministro Relator Luiz Fux. Brasília, DF: Superior Tribunal Federal, 2008. Disponível em: https://ww2.stj.jus.br/websecstj/cgi/revista/REJ.cgi/ITA?seq=635893&tipo=0&nreg=200502127630&SeqCgrmaSessao=&CodOrgaoJgdr=&dt=20060814&formato=PDF&salvar=false. Acesso em: 21 jan. 2024.

BRASIL. Tribunal de Contas da União. *Acórdão nº 1.079/2019*. Relator: Vital do Rego, Plenário, julgado em 15/05/2019. Brasília, DF: Tribunal de Contas da União, 2019. Disponível em: https://pesquisa.apps.tcu.gov.br/documento/acordao-completo/*/NUMACORDAO% 253A1079%2520ANOACORDAO%253A2019%2520/DTRELEVANCIA%2520desc%252C% 2520NUMACORDAOINT%2520desc/0. Acesso em: 22 out. 2023.

BRASIL. Tribunal de Contas da União. *Acórdão nº 1.099/2006*. Relator: Vital do Rêgo. Brasília, DF: Tribunal de Contas da União, 2006. Disponível em: https://pesquisa.apps.tcu.gov.br/documento/acordao-completo/*/NUMACORDAO%253A1099%2520ANOACORDAO%253A2006%2520/DTRELEVANCIA%2520asc%252C%2520NUMACORDAOINT%2520asc/2. Acesso em: 2 fev. 2024.

BRASIL. Tribunal de Contas da União. *Acórdão nº 1.188/2007*. Relator: Valmir Campelo, julgado em 20/06/2007. Brasília, DF: Tribunal de Contas da União, 2007. Disponível em: https://pesquisa.apps.tcu.gov.br/documento/acordao-completo/*/NUMACORDAO%25 3A1188%2520ANOACORDAO%253A2007%2520/DTRELEVANCIA%2520desc%252C% 2520NUMACORDAOINT%2520desc/0. Acesso em 22 out. 2023.

BRASIL. Tribunal de Contas da União. *Acórdão nº 1.339/2017*. Relator: Ana Arraes. Julgado em 28/06/2017. Brasília, DF: Tribunal de Contas da União, 2017. Disponível em: https://pesquisa.apps.tcu.gov.br/redireciona/acordao-completo/ACORDAO-COMPLETO-2255469. Acesso em: 1 fev. 2024.

BRASIL. Tribunal de Contas da União. *Acórdão nº 1.655/2017*. Relator: Aroldo Cedraz, Plenário, julgado em 02/08/2017. Brasília, DF: Tribunal de Contas da União, 2017. Disponível em: https://pesquisa.apps.tcu.gov.br/documento/acordao-completo/*/NUMACORDAO% 253A1655%2520ANOACORDAO%253A2017%2520/DTRELEVANCIA%2520desc%252C% 2520NUMACORDAOINT%2520desc/0. Acesso em: 19 jan. 2024.

BRASIL. Tribunal de Contas da União. *Acórdão 1.796/2011*. Relator: Augusto Nardes, Plenário, julgado em 06/07/2011. Brasília, DF: Tribunal de Contas da União, 2011. Disponível em: https://pesquisa.apps.tcu.gov.br/documento/acordao-completo/*/NUMACORDAO% 253A1796%2520ANOACORDAO%253A2011%2520/DTRELEVANCIA%2520asc%252C% 2520NUMACORDAOINT%2520asc/2. Acesso em: 16 fev. 2024.

BRASIL. Tribunal de Contas da União. *Acórdão nº 2.074/2010*. Relator: Weder de Oliveira. Julgado em 18/08/2010. Brasília, DF: Tribunal de Contas da União, 2010. Disponível em: https://pesquisa.apps.tcu.gov.br/documento/acordao-completo/ferrovia%2520de%2520i ntegra%25C3%25A7%25C3%25A3o%2520oeste%2520leste/%2520/DTRELEVANCIA%2 520asc%252C%2520NUMACORDAOINT%2520asc/6. Acesso em: 1 fev. 2024.

BRASIL. Tribunal de Contas da União. *Acórdão nº 2.134/2023*, Relator: Vital do Rego, Plenário, julgado em 18/10/2023. Brasília, DF: Tribunal de Contas da União, 2019. Disponível em: https://pesquisa.apps.tcu.gov.br/documento/acordao-completo/*/NUM ACORDAO%253A2134%2520ANOACORDAO%253A2023%2520COLEGIADO%253A %2522Plen%25C3%25A1rio%2522/DTRELEVANCIA%2520desc%252C%2520NUMAC ORDAOINT%2520desc/0. Acesso em: 28 jan. 2024.

BRASIL. Tribunal de Contas da União. *Acórdão nº 2.134/2023*. Relator: Vital do Rego, Plenário, julgado em 18/10/2023. Brasília, DF: Tribunal de Contas da União, 2023. Disponível em: https://portal.tcu.gov.br/data/files/CD/22/65/11/5644B810F80985A8E18 818A8/009.197-2022-2-VR%20-%20auditoria_retomada_obras_paralisadas%20_1_.pdf. Acesso em: 22 out. 2023.

BRASIL. Tribunal de Contas da União. *Acórdão nº 2.371/2011*. Relator: Weder de Oliveira. Julgado em 31/08/2011. Brasília, DF: Tribunal de Contas da União, 2011. Disponível em: https://pesquisa.apps.tcu.gov.br/documento/acordao-completo/ferro via%2520de%2520integra%25C3%25A7%25C3%25A3o%2520oeste%2520leste/%2520/ DTRELEVANCIA%2520asc%252C%2520NUMACORDAOINT%2520asc/12. Acesso em: 1 fev. 2024.

BRASIL. Tribunal de Contas da União. *Acórdão nº 2.461/2018*. Relator: Bruno Dantas, Plenário, julgado em 24/10/2018. Brasília, DF: Tribunal de Contas da União, 2018. Disponível em: https://pesquisa.apps.tcu.gov.br/documento/acordao-completo/*/NUMACORDAO% 253A2461%2520ANOACORDAO%253A2018%2520/DTRELEVANCIA%2520desc%252C% 2520NUMACORDAOINT%2520desc/0. Acesso em: 22 out. 2023.

BRASIL. Tribunal de Contas da União. *Acórdão nº 2.555/2022*. Relator: Vital do Rego, Plenário, julgado em 23/11/2022. Brasília, DF: Tribunal de Contas da União, 2022. Disponível em: https://pesquisa.apps.tcu.gov.br/documento/acordao-completo/*/NUMACORDAO%253A2555%2520ANOACORDAO%253A2022%2520/DTRELEVANCIA%2520desc%252C%2520NUMACORDAOINT%2520desc/0. Acesso em 21 jan. 2024.

BRASIL. Tribunal de Contas da União. *Acórdão 2.573/2012*. Relator: Walton Alencar Rodrigues, Plenário, julgado em 26/09/2012. Brasília, DF: Tribunal de Contas da União, 2012. Disponível em: https://pesquisa.apps.tcu.gov.br/documento/acordao-completo/*/NUMACORDAO%253A2573%2520ANOACORDAO%253A2012%2520/DTRELEVANCIA%2520asc%252C%2520NUMACORDAOINT%2520asc/2.

BRASIL. Tribunal de Contas da União. *Acórdão nº 2.695/2022*. Relator: Aroldo Cedraz, Plenário, julgado em 07/12/2022. Brasília, DF: Tribunal de Contas da União, 2022. Disponível em: https://pesquisa.apps.tcu.gov.br/documento/acordao-completo/*/NUMACORDAO%253A2695%2520ANOACORDAO%253A2022%2520/DTRELEVANCIA%2520desc%252C%2520NUMACORDAOINT%2520desc/0. Acesso em: 28 jan. 2024.

BRASIL. Tribunal de Contas da União. *Acórdão nº 3.160/2020*, Relator: Vital do Rêgo, Plenário, julgado em 25/11/2020. Brasília, DF: Tribunal de Contas da União, 2020. Disponível em: https://pesquisa.apps.tcu.gov.br/documento/acordao-completo/*/NUMACORDAO%253A3160%2520ANOACORDAO%253A2020%2520/DTRELEVANCIA%2520desc%252C%2520NUMACORDAOINT%2520desc/0. Acesso em: 23 out. 2023.

BRASIL. Tribunal de Contas da União. *Acórdão nº 3.650/2013*. Relator: Ana Arraes. Julgado em 10/12/2013. Brasília, DF: Tribunal de Contas da União, 2013. Disponível em: https://pesquisa.apps.tcu.gov.br/documento/acordao-completo/*/NUMACORDAO%253A3650%2520ANOACORDAO%253A2013%2520/score%2520desc/2. Acesso em: 1 fev. 2024.

BRASIL. Tribunal de Contas da União. *Decisão 66/1995*. Relator: Homero Santos, Plenário, julgado em 22/02/1995. Brasília, DF: Tribunal de Contas da União, 1995. Disponível em: https://pesquisa.apps.tcu.gov.br/documento/acordao-completo/*/NUMACORDAO%253A66%2520ANOACORDAO%253A1995%2520/DTRELEVANCIA%2520desc%252C%2520NUMACORDAOINT%2520desc/5. Acesso em: 22 out. 2023.

BRASIL. Tribunal de Contas da União. *Decisão 286/1993*. Relator: Homero Santos, Plenário, julgado em 15/07/1993. Brasília, DF: Tribunal de Contas da União, 1993. Disponível em: https://pesquisa.apps.tcu.gov.br/documento/acordao-completo/*/NUMACORDAO%253A286%2520ANOACORDAO%253A1993%2520/DTRELEVANCIA%2520desc%252C%2520NUMACORDAOINT%2520desc/3. Acesso em: 21 out. 2023.

BRASIL. Tribunal de Contas da União. *Decisão 587/2003*. Relator: Adylson Motta, Plenário, julgado em 28/05/2003. Brasília, DF: Tribunal de Contas da União, 2003. Disponível em: https://pesquisa.apps.tcu.gov.br/documento/acordao-completo/*/NUMACORDAO%253A587%2520ANOACORDAO%253A2003%2520/DTRELEVANCIA%2520desc%252C%2520NUMACORDAOINT%2520desc/0. Acesso em: 21 out. 2023.

BRASIL. Tribunal de Contas da União. *Decisão 763/1994*. Relator: Carlos Átila Álvares da Silva, Plenário, julgado em 13/12/1994. Brasília, DF: Tribunal de Contas da União, 1994. Disponível em: https://pesquisa.apps.tcu.gov.br/documento/acordao-completo/arbitragem%2520ponte%2520rio%2520niteroi/%2520%2520/DTRELEVANCIA%2520desc%252C%2520NUMACORDAOINT%2520desc/8. Acesso em: 21 out. 2023.

BRASIL. Tribunal de Contas da União. *Fiscobras*: 20 anos. Brasília, DF: Tribunal de Contas da União, 2016. Disponível em: https://portal.tcu.gov.br/data/files/93/C4/3D/41/F6DEF610F5680BF6F18818A8/Fiscobras_20_anos.pdf. Acesso em: 22 out. 2023.

BRASIL. Tribunal de Contas da União. *Instrução Normativa 91, de 22 de dezembro de 2022.* Brasília, DF: Tribunal de Contas da União, 2022. Disponível em: https://pesquisa.apps.tcu.gov.br/documento/ato-normativo/Instru%25C3%25A7%25C3%25A3o%2520Normativa-TCU%252087/%252F2020/%2520/score%2520desc/5. Acesso em: 2 fev. 2024.

BRASIL. Tribunal de Contas da União. *Manual de Auditoria Operacional.* Brasília, DF: Tribunal de Contas da União, 2020. p. 14. Disponível em: https://portal.tcu.gov.br/data/files/F2/73/02/68/7335671023455957E18818A8/Manual_auditoria_operacional_4_edicao.pdf. Acesso em: 27 jan. 2024.

BRASIL. Tribunal de Contas da União. *Orientações sobre Auditoria Coordenada.* Brasília, DF: Tribunal de Contas da União, 2020. p. 10. Disponível em: https://redeintegrar.irbcontas.org.br/. Acesso em: 28 jan. 2024.

BRASIL. Tribunal de Contas da União. *Referencial básico de governança organizacional.* 3. ed. Brasília, DF: Tribunal de Contas da União, 2020. p. 26. Disponível em: https://portal.tcu.gov.br/lumis/portal/file/fileDownload.jsp?fileId=8A81881F7AB5B041017BABE767F6467E. Acesso em: 3 fev. 2024.

BRASIL. Tribunal de Contas da União. *Relatório do Grupo de Trabalho sobre a Reforma Tributária.* Brasília, DF: Tribunal de Contas da União, 2023. p. 38. Disponível em: https://portal.tcu.gov.br/data/files/60/E6/37/FC/3C6FA8108DD885A8F18818A8/Relatorio%20Completo%20-%20Resultados%20do%20Grupo%20de%20Trabalho%20sobre%20a%20Reforma%20Tributaria.pdf. Acesso em: 19 jan. 2024.

CALMON, Petrônio. *Fundamentos da mediação e da conciliação.* 4. ed. Brasília, DF: Gazeta Jurídica, 2019.

CÂMARA DE CONCILIAÇÃO, MEDIAÇÃO E ARBITRAGEM. *Tabela de honorários da Federação das Indústrias do Estado de São Paulo.* São Paulo: Câmara de Conciliação, Mediação e Arbitragem, 2022. Disponível em: https://www.camaradearbitragemsp.com.br/pt/arbitragem/tabela-custas.html. Acesso em: 5 fev. 2024.

CANOTILHO, José Joaquim Gomes. *Direito constitucional e teoria da constituição.* 7. ed. Coimbra: Almedina, 2003.

CARMONA, Carlos Alberto. *Arbitragem e processo.* 4. ed. revista, atualizada e ampliada. Rio de Janeiro: Atlas, 2023.

CARNELUTTI, Francesco. *Teoria geral do direito.* São Paulo: Lejus, 1999.

CARVALHO, Luciano Oscar de. *Aplicabilidade da Arbitragem nos contratos entre a administração pública e as empresas de direito privado.* São Paulo: Dialética, 2022.

CHILE. *Constitución Política de la República.* Santiago: Presidencia de la República, 2005. Disponível em: https://siteal.iiep.unesco.org/sites/default/files/sit_accion_files/constitucion.pdf. Acesso em: 22 out. 2023.

CHILE. *Ley de Concesiones de Obras Publicas.* Santiago: Presidencia de la República, 1996. Disponível em: https://www.bcn.cl/leychile/navegar?idNorma=16121. Acesso em: 22 out. 2023.

CINTRA, Antônio Carlos de Araujo. *Teoria geral do processo.* 25. ed. São Paulo: Malheiros, 2009.

CONSELHO NACIONAL DE JUSTIÇA. *Justiça em Números 2023.* Brasília, DF: CNJ, 2023. p. 210-211. Disponível em: https://www.cnj.jus.br/wp-content/uploads/2023/09/justica-em-numeros-2023-010923.pdf. Acesso em: 4 fev. 2024.

CRISTÓVAM, José Sérgio da Silva. Para um conceito de interesse público no Estado Constitucional de Direito. *Jus*, [s. l.], 11 set. 2015. Disponível em: https://jus.com.br/artigos/42480/para-um-conceito-de-interesse-publico-no-estado-constitucional-de-direito. Acesso em: 2 fev. 2024.

DANTAS, Bruno. *Consensualismo na Administração Pública e Regulação: reflexões para um Direito Administrativo do século XXI*. Belo Horizonte: Fórum, 2023.

DANTAS, Bruno. Um ano de Secex Consenso e Mediação Técnica no TCU. *Correio Braziliense*, Brasília, DF, 1 fev. 2024. Disponível em: https://www.correiobraziliense.com.br/direito-e-justica/2024/02/6796046-bruno-dantas-um-ano-de-secexconsenso-e-a-meditacao-tecnica-no-tcu.html. Acesso em: 2 fev. 2024.

DEZALAY, Yves. *Dealing in Virtue*. Chicago: The University of Chicago Press, 1996.

DEZAN, Sandro Lúcio. *O conteúdo valorativo da norma jurídica*: a fenomenologia do direito e os valores axiomáticos para uma jurisdicidade concretista da administração pública. 2017. Tese (Doutorado em Direito) – Faculdade de Direito de Vitória, Vitória, 2017. Disponível em: http://repositorio.fdv.br:8080/bitstream/fdv/239/1/sandro-lucio-dezan.pdf. Acesso em: 4 fev. 2024.

DI PIETRO, Maria Sylvia Zanella. *As possibilidades de arbitragem em contratos administrativos*. [São Paulo]: Conjur, 2015. Disponível em: https://www.conjur.com.br/2015-set-24/interesse-publico-possibilidades-arbitragem-contratos-administrativos2/. Acesso em: 11 jan. 2024.

DIDIER JR., Fredie. *Curso de direito processual civil*. 17. ed. Salvador: Juspodium, 2015. v. 1.

DIDIER JR., Fredie. *Curso de direito processual civil*: introdução ao direito processual civil, parte geral e processo de conhecimento. Salvador: JusPodvm, 2019. v. 1.

DUARTE, Clarice Seixas. O ciclo das políticas públicas. *In*: SMANIO, Gianpaolo Poggio; BERTOLIN, Patrícia Tuma Martins (org.). O Direito e as Políticas Públicas no Brasil. São Paulo: Atlas, 2013.

FACCI, Lúcio Picanço. *Meios adequados de resolução de conflitos administrativos*. Rio de Janeiro: Lumen Juris, 2019.

FACCI, Lucio Picanço. *Meios adequados de solução de conflitos administrativos*: a experiência da Câmara de Conciliação e Arbitragem da Administração Federal. Rio de Janeiro: Lumen Juris, 2009.

FIESP. Federação das Indústrias do Estado de São Paulo. *Estatísticas 2022*. São Paulo: FIESP, 2022. Disponível em: https://www.camaradearbitragemsp.com.br/pt/estatisticas-camara.html. Acesso em: 22 out. 2023.

GIANNICO, Maurício. *A preclusão no Direito Processual Civil brasileiro*. São Paulo: Saraiva, 2005.

GICO JUNIIOR, Ivo Teixeira. *Análise econômica do processo civil*. Indaiatuba: Foco, 2020.

GICO JÚNIOR, Ivo Teixeira. *Análise econômica do processo civil*. 2. ed. São Paulo: Foco, 2023.

GRAU, Eros Roberto. Arbitragem e Contrato Administrativo. *Revista Trimestral de Direito Público*, São Paulo, n. 32, 2000.

GRAU, Eros Roberto. *Direito, conceitos e normas jurídicas*. São Paulo: Revista dos Tribunais, 1998.

GUERRA, Sérgio; PALMA, Juliana Bonacorsi de. Art. 26 da LINDB: novo regime jurídico de negociação com a Administração Pública. *Revista de Direito Administrativo*, Rio de Janeiro, edição especial, p. 135-169, 2018.

GUIDI, José Eduardo. *Engenharia legal aplicada ao labirinto das obras públicas*. São Paulo: Leud, 2022.

GUIDI, José Eduardo. *O labirinto das obras públicas*. Brasília, DF: CBIC, 2021.

GUIMARÃES, Fernando Vernalha. *Concessões de Serviço Público*. 2. ed. revisada, atual. e ampliada. São Paulo: Saraiva, 2014.

INTERNATIONAL BAR ASSOCIATION. *Guidelines on Conflict of Interest in International Arbitration*. 2014. Disponível em: https://www.ibanet.org/MediaHandler?id=e2fe5e72-eb14-4bba-b10d-d33dafee8918. Acesso em: 5 fev. 2024.

JUSTEN FILHO, Marçal. *Curso de direito administrativo*. 14. ed. Rio de Janeiro: Forense, 2023.

JUSTEN FILHO, Marçal; SILVA, Marco Aurélio de Barcelos (coord.). *Direito da infraestrutura*: estudo de temas relevantes. Belo Horizonte: Fórum, 2019.

KLEIN. Aline L. Arbitragem nas concessões de serviço público. *In*: PEREIRA, César A. G.; TALAMINI, Eduardo (coord.). *Arbitragem e poder público*. São Paulo: Saraiva, 2010.

KURY, Adriano Gama. *Edição popular anotada*. 5. ed. Rio de Janeiro: Edições Casa de Rui Barbosa, 1999.

LEMES, Selma Ferreira. *Arbitragem na administração pública*: fundamentos jurídicos e eficiência econômica. São Paulo: Quartier Latin, 2007.

LEMES, Selma Ferreira (pesquisadora). *Pesquisa 20/21*: arbitragem em números oito câmaras. Auxílio na Elaboração da Pesquisa: Vera Barros e Bruno Hellmeister. São Paulo: Canal Arbitragem, 2022. Disponível em: https://www.migalhas.com.br/arquivos/2022/10/78B3FD4545063E_pesquisa-arbitragem.pdf. Acesso em: 22 out. 2023.

LEMES, Selma Ferreira. *Pesquisa 2020/2021*. São Paulo: Canal Arbitragem, 2022. Disponível em: https://canalarbitragem.com.br/wp-content/uploads/2022/12/2022.08.19_PESQUISA_V10.pdf. Acesso em: 4 fev. 2024.

MAROLLA, Eugênia Cristina Cleto. *A Arbitragem e os contratos da Administração Pública*. Rio de Janeiro: Lumen Juris, 2016.

MARQUES, Bruno Ribeiro; DEZAN, Sandro Lúcio; CARMONA, Paulo Afonso Cavichioli. An analysis of recent decisions on arbitration and agréments in the Brazilian Court of Accounts. *International Journal of Development Research*, [s. l.], v. 11, 2021.

MEIRELLES, Hely Lopes. *Direito administrativo brasileiro*. 42. ed. São Paulo: Malheiros, 2016.

MELLO, Celso Antônio Bandeira de. *Curso de direito administrativo*. 15. ed. São Paulo: Malheiros, 2003.

MELLO, Celso Antônio Bandeira de. *Discricionariedade e controle jurisdicional*. 2. ed. São Paulo: Malheiros, 2006.

PARADA, André Luis Nascimento. *Arbitragem nos contratos administrativos*: análise crítica dos obstáculos jurídicos suscitados para afastar a sua utilização. Curitiba: Juruá, 2015.

RODAS, Sérgio. 19% das Sentenças Arbitrais questionadas no Judiciário são anuladas, diz pesquisa. 2021. *Consultor Jurídico*, [São Paulo], 20 jul. 2021. Disponível em: https://www.conjur.com.br/2021-jul-20/19-sentencas-arbitrais-questionadas-judiciario-sao-anuladas/. Acesso em: 5 fev. 2024.

SACKS, Rafael. *Manual de BIM*. Porto Alegre: Bookman, 2021.

SALLES, Carlos Alberto de. *Negociação, mediação, conciliação e arbitragem*: curso de métodos adequados de solução de controvérsias. 5. ed. Rio de Janeiro: Forense, 2023.

SILVA, A. R.; SALGADO, R. J. A. S. Perspectiva constitucional da aplicação da arbitragem no Brasil e nos EUA. *In*: MONT'ALVERNE, Tarin Cristino Fronta; MELO, Silvana Paula Martins de; QUEIROZ, Arthur Gustavo Saboya de (org.). *V Simpósio-2018/2019*: 20 anos do Estatuto de Roma, instrumentos de proteção dos Direitos Humanos. Fortaleza: Lumens Juris, 2019.

SUNDFELD, C. A.; CÂMARA, J. A. O cabimento da arbitragem nos contratos administrativos. *Revista de Direito Administrativo*, v. 248, p. 117-126, 2008. Disponível em: http://bibliotecadigital.fgv.br/ojs/index.php/rda/article/view/41529/40879. Acesso em: 11 jun. 2021.

THE WORLD BANK. *Brazil Infrastructure Assessment*. 2022. [Washington, DC]: The World Bank, 2022. Disponível em: https://documents1.worldbank.org/curated/en/099140006292213309/pdf/P1745440133da50c0a2630ad342de1ac83.pdf. Acesso em: 17 jan. 2024.

TOMAZETTE, Marlon. *Direito societário e globalização*. São Paulo: Atlas, 2014.

UNESCO. *Relatório Mundial das Nações Unidas sobre Desenvolvimento dos Recursos Hídricos*: água para um mundo sustentável. [*S. l.*]: Unesco, 2015. Disponível em: https://unesdoc.unesco.org/ark:/48223/pf0000232272_por. Acesso em: 17 jan. 2024.

VALEC. *Edital 08/2010*. Contratação de empresa para execução das obras e serviços de engenharia para construção de ponte sobre o Rio São Francisco a ser implantada entre o km 825+230 e o km 828+130 do sub-trecho da Ferrovia de Integração Oeste Leste – FIOL, compreendido entre Ilhéus/BA e Barreiras/BA. Brasília, DF: VALEC, 2010. Disponível em: https://portal.valec.gov.br/a-valec/licitacoes-e-contratos/licitacoes/305-concorrencia-edital-n-008-2010. Acesso em: 19 jan. 2024.

Esta obra foi composta em fonte Palatino Linotype, corpo 10,5
e impressa em papel Pólen Bold 70g (miolo) e Supremo 250g (capa)
pela Gráfica Star7.